AF546894

Dieses Buch
GEHÖRT:

Name ....

Adresse ....

....

E-Mail ....

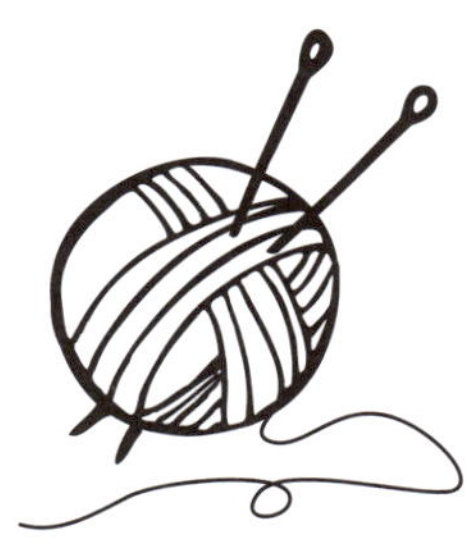

Susanne Oswald

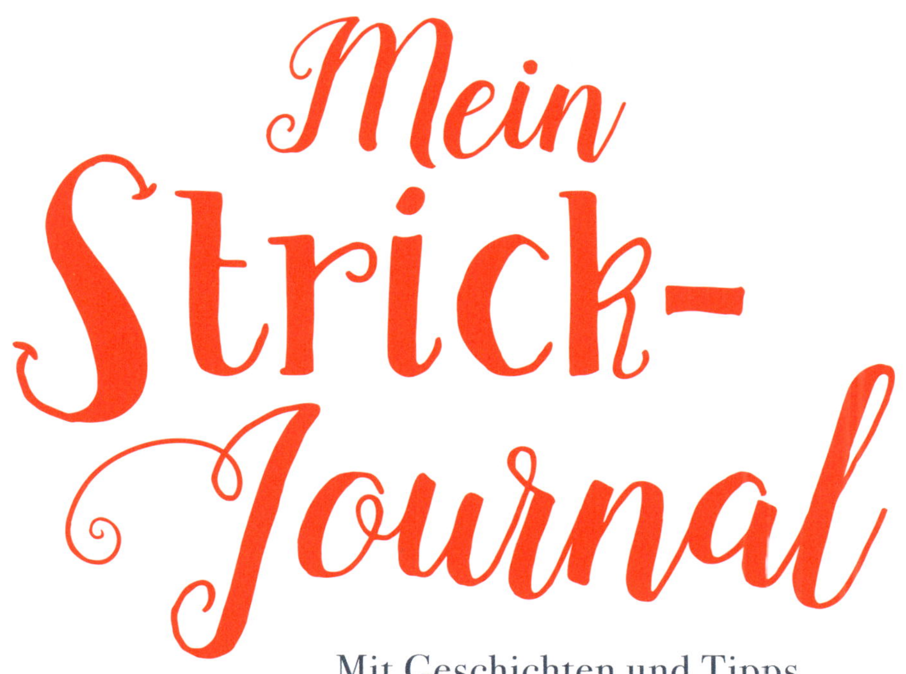

Mit Geschichten und Tipps
von Maighread aus
dem kleinen Strickladen
in den Highlands

HarperCollins

HALLO und wie schön, dass du da bist!

Mit diesem Strickjournal kannst du all deine sprudelnden Strickideen, verführerische Wolle, Farbvielfalt in wunderschönen Kombinationen und wichtige Informationen zu Größen und Vorlieben strukturieren.
Du findest Listen, Tracker und Tipps. Auch ein paar Anekdoten aus meiner Welt und die ein oder andere Anleitung dürfen natürlich nicht fehlen.
Jetzt bist du dran. Mit jedem neuen Eintrag schaffst du dir einen Fundus, aus dem du künftig schöpfen kannst.
Genieße die Fülle der Inspiration und behalte dabei immer den Überblick. Lass deine Strickträume Wirklichkeit werden.

Ich wünsche dir viel Spaß beim Stricken, Zaubern und in Wolle Baden und mit deinem persönlichen Strickjournal

Deine Maighread ♡

INHALT Strickjournal

Mein STRICKPROJEKT

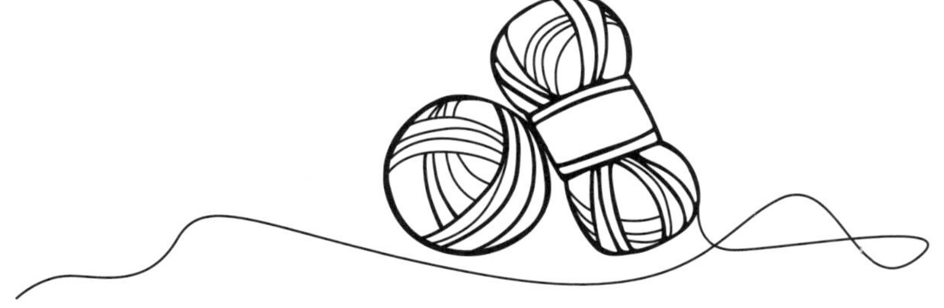

Meine MASSE und VORLIEBEN

KLEIDERGRÖSSE
KOPFUMFANG
SCHUHGRÖSSE
LIEBLINGSFARBE(N)

Notizen

DATEN, MASSE und VORLIEBEN von …

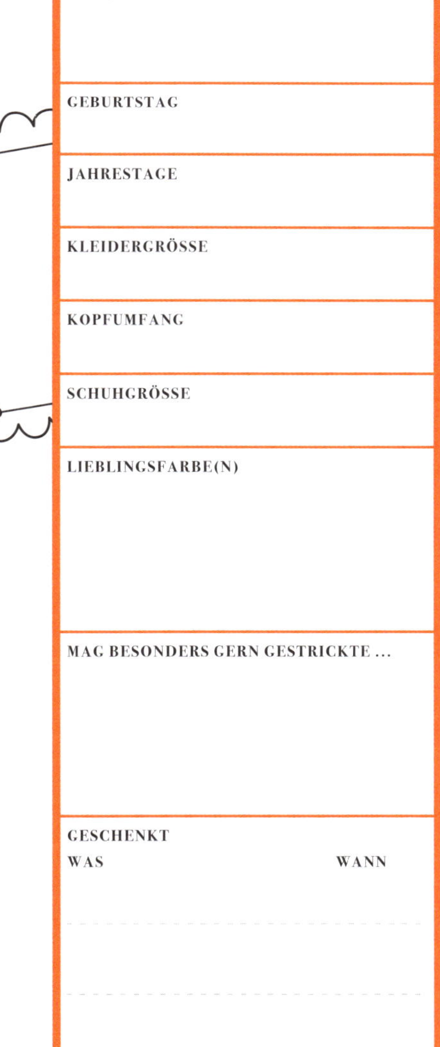

NAME

GEBURTSTAG

JAHRESTAGE

KLEIDERGRÖSSE

KOPFUMFANG

SCHUHGRÖSSE

LIEBLINGSFARBE(N)

MAG BESONDERS GERN GESTRICKTE …

GESCHENKT

WAS WANN

NAME

GEBURTSTAG

JAHRESTAGE

KLEIDERGRÖSSE

KOPFUMFANG

SCHUHGRÖSSE

LIEBLINGSFARBE(N)

MAG BESONDERS GERN GESTRICKTE …

GESCHENKT

WAS WANN

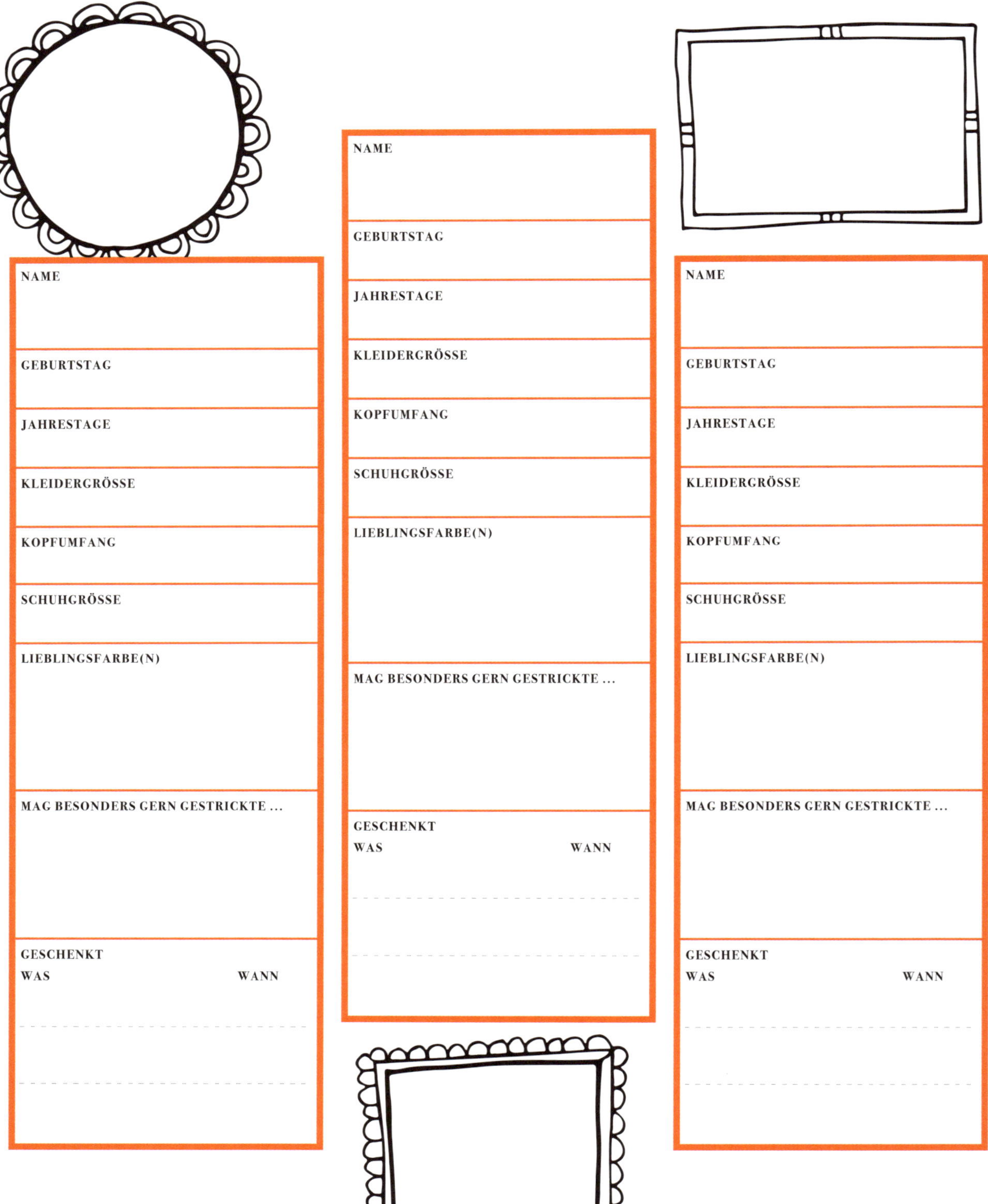

NAME

GEBURTSTAG

JAHRESTAGE

KLEIDERGRÖSSE

KOPFUMFANG

SCHUHGRÖSSE

LIEBLINGSFARBE(N)

MAG BESONDERS GERN GESTRICKTE …

GESCHENKT

WAS WANN

NAME

GEBURTSTAG

JAHRESTAGE

KLEIDERGRÖSSE

KOPFUMFANG

SCHUHGRÖSSE

LIEBLINGSFARBE(N)

MAG BESONDERS GERN GESTRICKTE …

GESCHENKT

WAS WANN

NAME

GEBURTSTAG

JAHRESTAGE

KLEIDERGRÖSSE

KOPFUMFANG

SCHUHGRÖSSE

LIEBLINGSFARBE(N)

MAG BESONDERS GERN GESTRICKTE …

GESCHENKT

WAS WANN

NAME

GEBURTSTAG

JAHRESTAGE

KLEIDERGRÖSSE

KOPFUMFANG

SCHUHGRÖSSE

LIEBLINGSFARBE(N)

MAG BESONDERS GERN GESTRICKTE …

GESCHENKT

WAS WANN

NAME

GEBURTSTAG

JAHRESTAGE

KLEIDERGRÖSSE

KOPFUMFANG

SCHUHGRÖSSE

LIEBLINGSFARBE(N)

MAG BESONDERS GERN GESTRICKTE …

GESCHENKT

WAS WANN

NAME

GEBURTSTAG

JAHRESTAGE

KLEIDERGRÖSSE

KOPFUMFANG

SCHUHGRÖSSE

LIEBLINGSFARBE(N)

MAG BESONDERS GERN GESTRICKTE …

GESCHENKT

WAS WANN

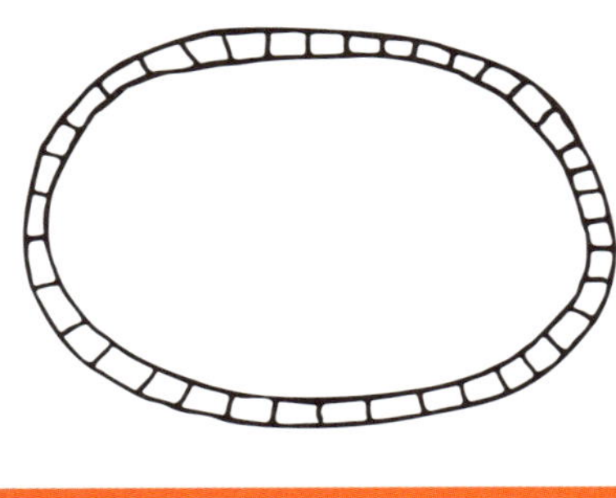

NAME

GEBURTSTAG

JAHRESTAGE

KLEIDERGRÖSSE

KOPFUMFANG

SCHUHGRÖSSE

LIEBLINGSFARBE(N)

MAG BESONDERS GERN GESTRICKTE ...

GESCHENKT

WAS WANN

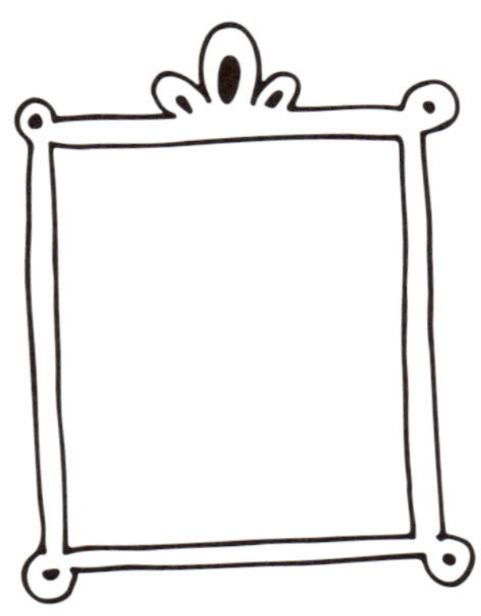

NAME

GEBURTSTAG

JAHRESTAGE

KLEIDERGRÖSSE

KOPFUMFANG

SCHUHGRÖSSE

LIEBLINGSFARBE(N)

MAG BESONDERS GERN GESTRICKTE ...

GESCHENKT

WAS WANN

NAME

GEBURTSTAG

JAHRESTAGE

KLEIDERGRÖSSE

KOPFUMFANG

SCHUHGRÖSSE

LIEBLINGSFARBE(N)

MAG BESONDERS GERN GESTRICKTE ...

GESCHENKT

WAS WANN

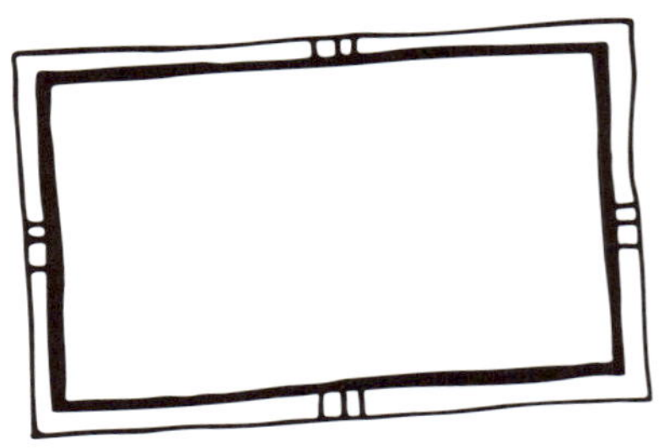

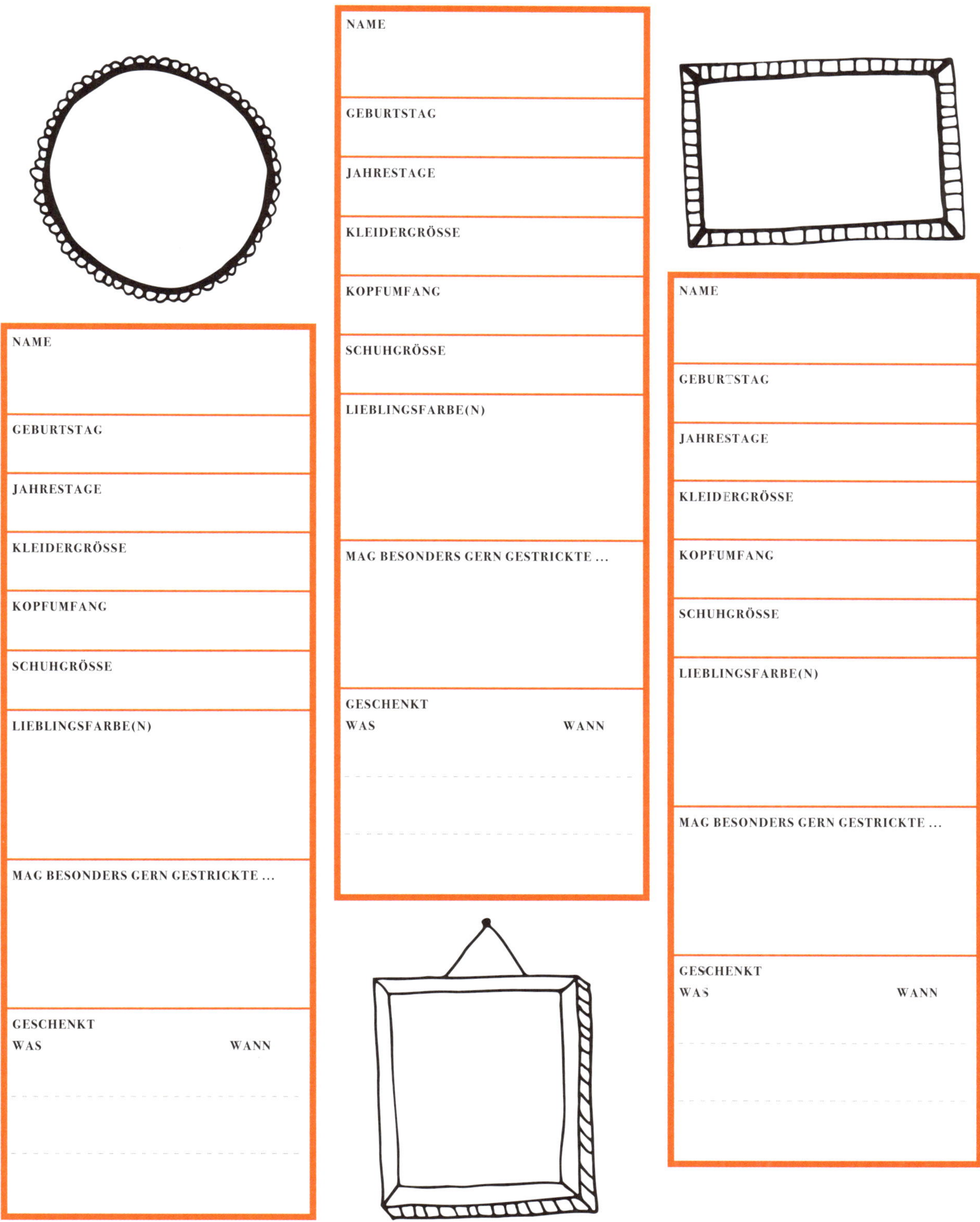

NAME

GEBURTSTAG

JAHRESTAGE

KLEIDERGRÖSSE

KOPFUMFANG

SCHUHGRÖSSE

LIEBLINGSFARBE(N)

MAG BESONDERS GERN GESTRICKTE …

GESCHENKT

WAS WANN

NAME

GEBURTSTAG

JAHRESTAGE

KLEIDERGRÖSSE

KOPFUMFANG

SCHUHGRÖSSE

LIEBLINGSFARBE(N)

MAG BESONDERS GERN GESTRICKTE …

GESCHENKT

WAS WANN

NAME

GEBURTSTAG

JAHRESTAGE

KLEIDERGRÖSSE

KOPFUMFANG

SCHUHGRÖSSE

LIEBLINGSFARBE(N)

MAG BESONDERS GERN GESTRICKTE …

GESCHENKT

WAS WANN

Strickprojekte ÜBERSICHT

PROJEKT	SEITE	WOLLE	BEGINN	BEENDET	✓
Flaschenmantel	34				☐
Eckige Kosmetikpads	40				☐
Topflappen	50				☐
Romantic Cascades	58				☐
Drachendeko	66				☐
Drachenlesezeichen	74				☐
					☐
					☐
					☐
					☐
					☐
					☐
					☐
					☐
					☐
					☐
					☐
					☐

#heuteschongestrickt?

#strickenistmeinyoga

Geplante STRICKPROJEKTE

PROJEKT	ANLEITUNG VON	FÜR WEN	MATERIAL	GEPLANTER BEGINN	✔
					☐
					☐
					☐
					☐
					☐
					☐
					☐
					☐
					☐
					☐
					☐
					☐
					☐
					☐
					☐
					☐
					☐
					☐

UFOS – Was fertig werden sollte!

PROJEKT	ANLEITUNG	LIEGT SEIT	FORTSCHRITT	✓
			☐ ☐ ☐	☐
			☐ ☐ ☐	☐
			☐ ☐ ☐	☐
			☐ ☐ ☐	☐
			☐ ☐ ☐	☐
			☐ ☐ ☐	☐
			☐ ☐ ☐	☐
			☐ ☐ ☐	☐
			☐ ☐ ☐	☐
			☐ ☐ ☐	☐
			☐ ☐ ☐	☐
			☐ ☐ ☐	☐
			☐ ☐ ☐	☐
			☐ ☐ ☐	☐
			☐ ☐ ☐	☐
			☐ ☐ ☐	☐
			☐ ☐ ☐	☐
			☐ ☐ ☐	☐

#strickenistwiezaubernkönnen

#strickstduschon?

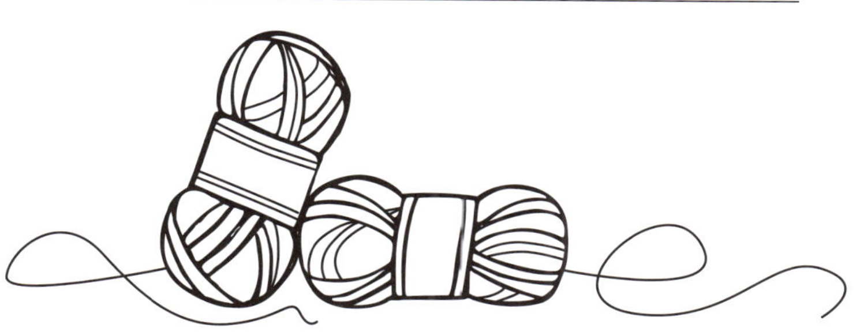

PROJEKT	ANLEITUNG	LIEGT SEIT	FORTSCHRITT	✔

Moodboard – GESCHENKIDEEN

Hier ist Platz, um Bilder einzukleben
und für deine Notizen

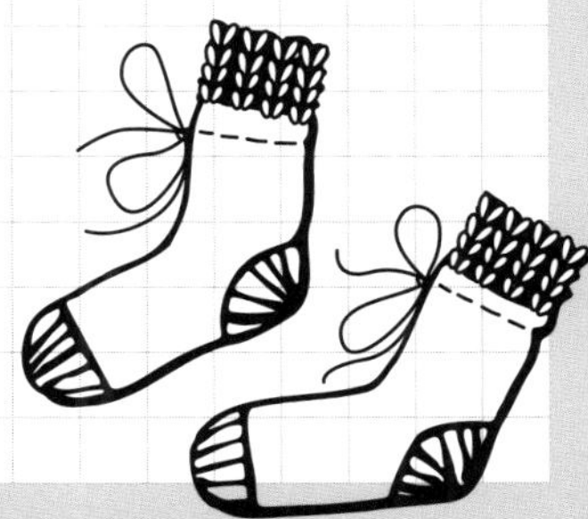

Wie war dein STRICKTAG?

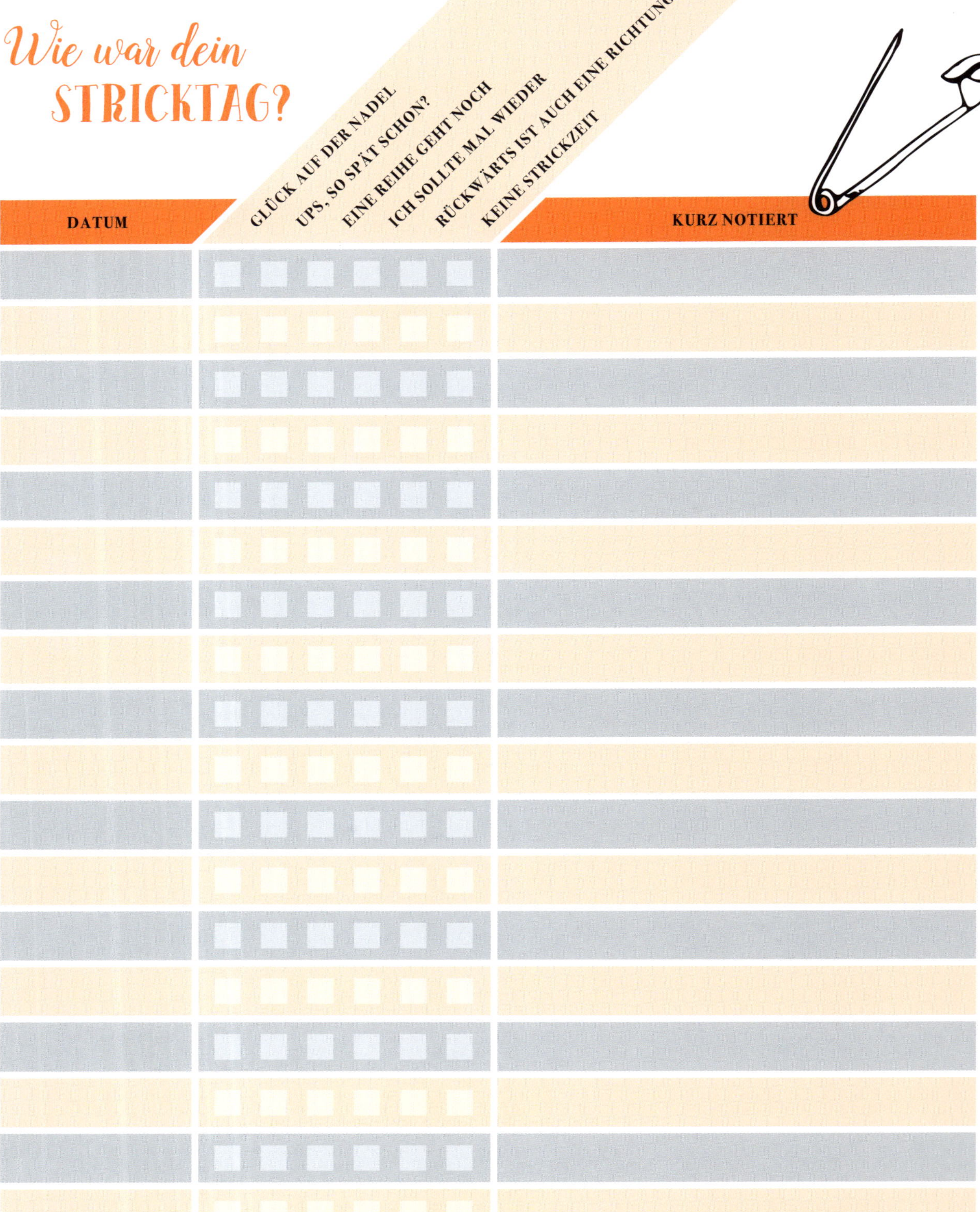

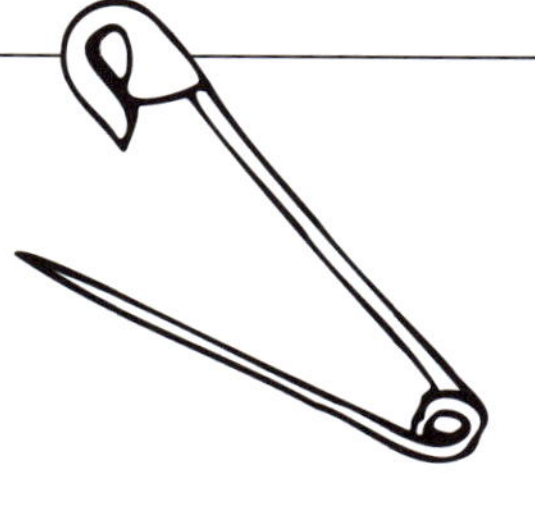

#strickenistliebe

DATUM	GLÜCK AUF DER NADEL	UPS, SO SPÄT SCHON?	EINE REIHE GEHT NOCH	ICH SOLLTE MAL WIEDER	RÜCKWÄRTS IST AUCH EINE RICHTUNG	KEINE STRICKZEIT	KURZ NOTIERT
	☐	☐	☐	☐	☐	☐	
	☐	☐	☐	☐	☐	☐	
	☐	☐	☐	☐	☐	☐	
	☐	☐	☐	☐	☐	☐	
	☐	☐	☐	☐	☐	☐	
	☐	☐	☐	☐	☐	☐	
	☐	☐	☐	☐	☐	☐	
	☐	☐	☐	☐	☐	☐	
	☐	☐	☐	☐	☐	☐	
	☐	☐	☐	☐	☐	☐	
	☐	☐	☐	☐	☐	☐	
	☐	☐	☐	☐	☐	☐	
	☐	☐	☐	☐	☐	☐	
	☐	☐	☐	☐	☐	☐	
	☐	☐	☐	☐	☐	☐	
	☐	☐	☐	☐	☐	☐	
	☐	☐	☐	☐	☐	☐	
	☐	☐	☐	☐	☐	☐	

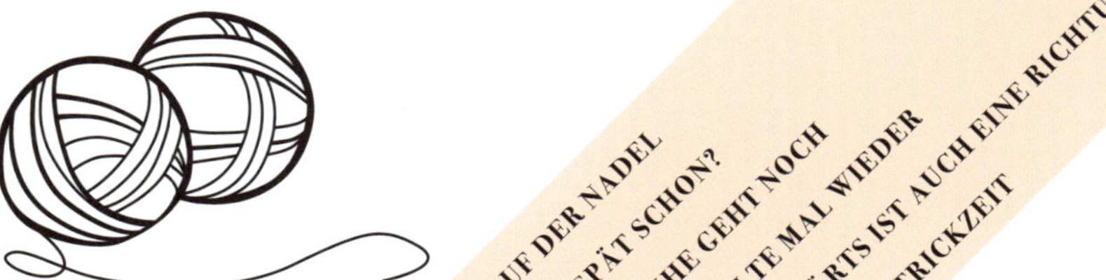

#strickenentspannt

DATUM	GLÜCK AUF DER NADEL	UPS, SO SPÄT SCHON?	EINE REIHE GEHT NOCH	ICH SOLLTE MAL WIEDER	RÜCKWÄRTS IST AUCH EINE RICHTUNG	KEINE STRICKZEIT	KURZ NOTIERT

#zweirechtszweilinks

DATUM	GLÜCK AUF DER NADEL	UPS, SO SPÄT SCHON?	EINE REIHE GEHT NOCH	ICH SOLLTE MAL WIEDER	RÜCKWÄRTS IST AUCH EINE RICHTUNG	KEINE STRICKZEIT	KURZ NOTIERT
	☐	☐	☐	☐	☐	☐	
	☐	☐	☐	☐	☐	☐	
	☐	☐	☐	☐	☐	☐	
	☐	☐	☐	☐	☐	☐	
	☐	☐	☐	☐	☐	☐	
	☐	☐	☐	☐	☐	☐	
	☐	☐	☐	☐	☐	☐	
	☐	☐	☐	☐	☐	☐	
	☐	☐	☐	☐	☐	☐	
	☐	☐	☐	☐	☐	☐	
	☐	☐	☐	☐	☐	☐	
	☐	☐	☐	☐	☐	☐	
	☐	☐	☐	☐	☐	☐	
	☐	☐	☐	☐	☐	☐	
	☐	☐	☐	☐	☐	☐	
	☐	☐	☐	☐	☐	☐	
	☐	☐	☐	☐	☐	☐	
	☐	☐	☐	☐	☐	☐	

#ausnahmezustand

#strickrausch

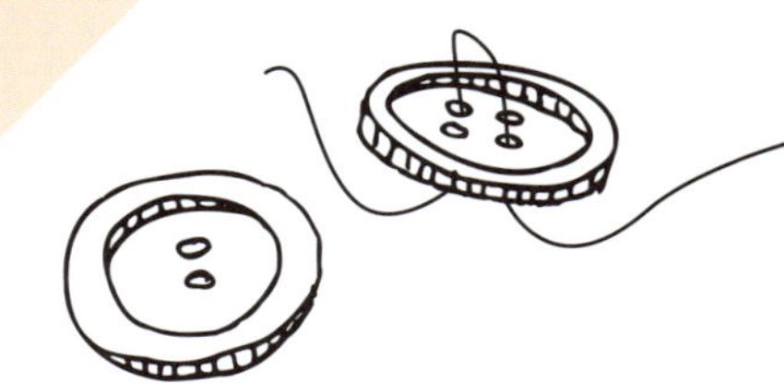

DATUM	GLÜCK AUF DER NADEL	UPS, SO SPÄT SCHON?	EINE REIHE GEHT NOCH	ICH SOLLTE MAL WIEDER	RÜCKWÄRTS IST AUCH EINE RICHTUNG	KEINE STRICKZEIT	KURZ NOTIERT

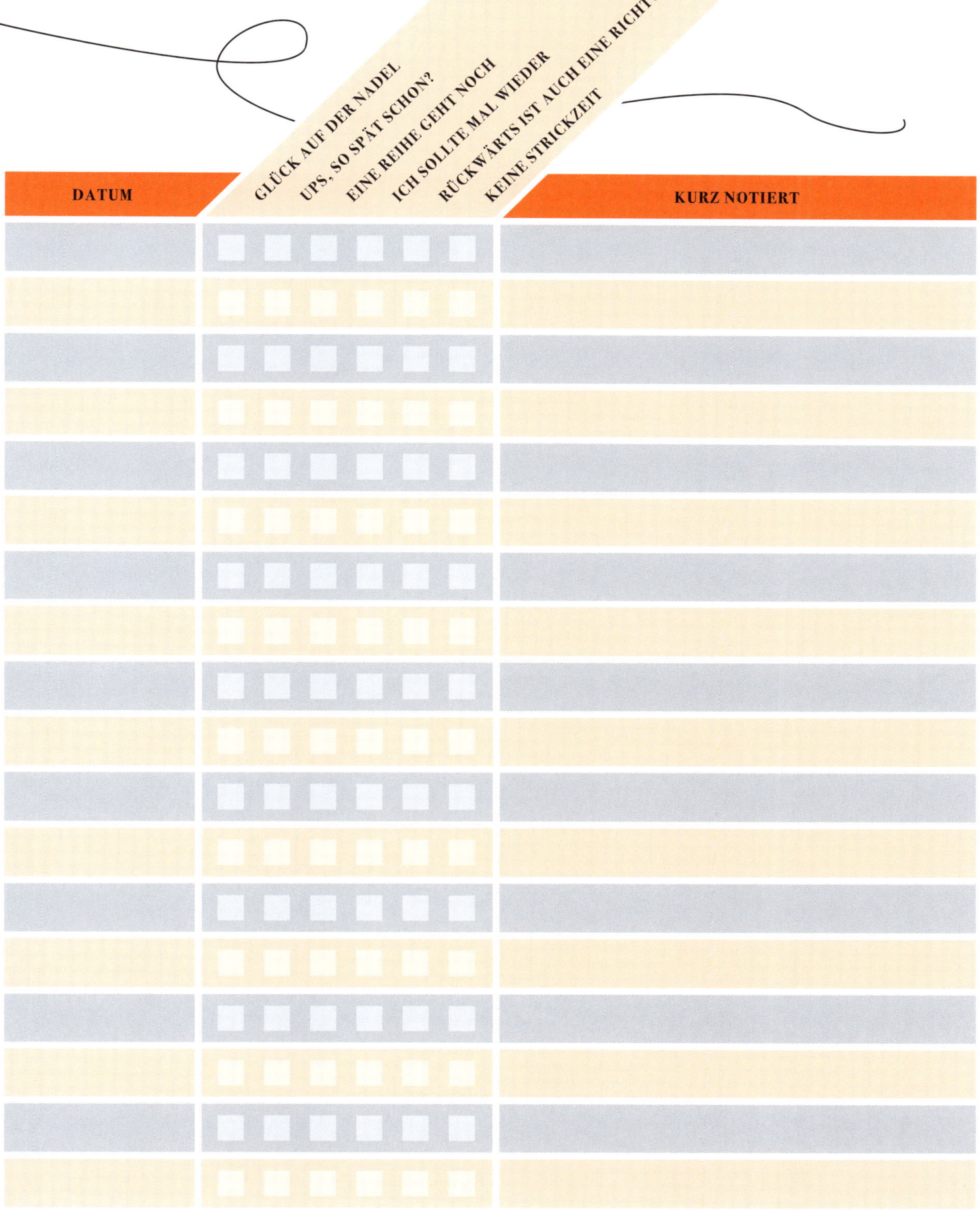
DATUM
GLÜCK AUF DER NADEL
UPS, SO SPÄT SCHON?
EINE REIHE GEHT NOCH
ICH SOLLTE MAL WIEDER
RÜCKWÄRTS IST AUCH EINE RICHTUNG
KEINE STRICKZEIT
KURZ NOTIERT

#nurnocheinereihe

DATUM	GLÜCK AUF DER NADEL	UPS, SO SPÄT SCHON?	EINE REIHE GEHT NOCH	ICH SOLLTE MAL WIEDER	RÜCKWÄRTS IST AUCH EINE RICHTUNG	KEINE STRICKZEIT	KURZ NOTIERT

#strickverrückt

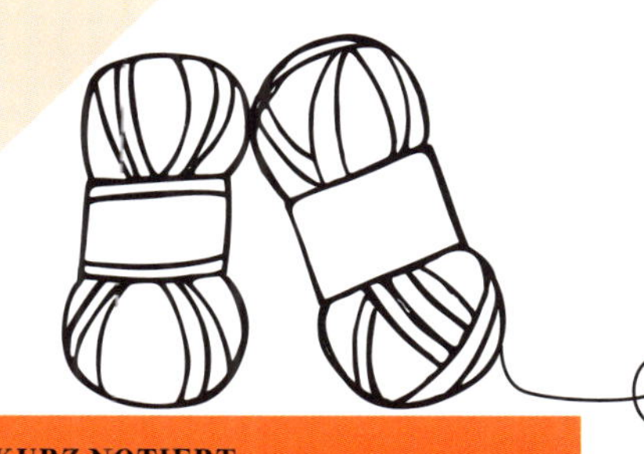

DATUM	GLÜCK AUF DER NADEL	UPS, SO SPÄT SCHON?	EINE REIHE GEHT NOCH	ICH SOLLTE MAL WIEDER	RÜCKWÄRTS IST AUCH EINE RICHTUNG	KEINE STRICKZEIT	KURZ NOTIERT
	☐	☐	☐	☐	☐	☐	
	☐	☐	☐	☐	☐	☐	
	☐	☐	☐	☐	☐	☐	
	☐	☐	☐	☐	☐	☐	
	☐	☐	☐	☐	☐	☐	
	☐	☐	☐	☐	☐	☐	
	☐	☐	☐	☐	☐	☐	
	☐	☐	☐	☐	☐	☐	
	☐	☐	☐	☐	☐	☐	
	☐	☐	☐	☐	☐	☐	
	☐	☐	☐	☐	☐	☐	
	☐	☐	☐	☐	☐	☐	
	☐	☐	☐	☐	☐	☐	
	☐	☐	☐	☐	☐	☐	
	☐	☐	☐	☐	☐	☐	
	☐	☐	☐	☐	☐	☐	
	☐	☐	☐	☐	☐	☐	
	☐	☐	☐	☐	☐	☐	

Moodboard – FARBEN und FARBKOMBINATIONEN

Hier ist Platz, um Bilder einzukleben
und für deine Notizen

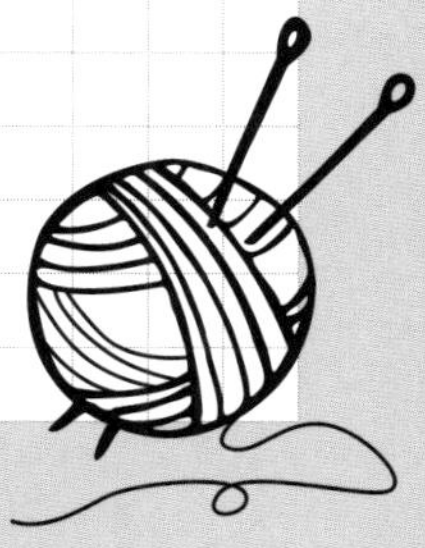

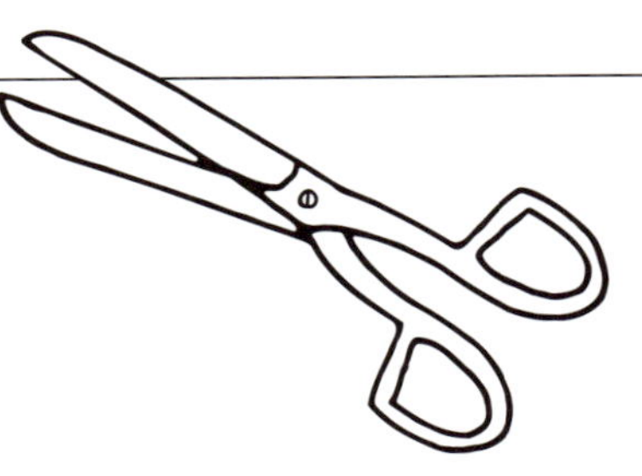

Mein STRICKPROJEKT

PROJEKTNAME ______ FORTSCHRITT

STRICKBEGINN ______ FERTIGGESTELLT AM ______

WOLLE

NADELSTÄRKE

GRÖSSE

MASCHENPROBE (10 × 10 cm)

MASCHENPROBE GEWASCHEN UND GESPANNT

ANLEITUNG VON

BESONDERHEITEN

Notizen

Mein STRICKPROJEKT

PROJEKTNAME ____________________ FORTSCHRITT

STRICKBEGINN ____________________ FERTIGGESTELLT AM ____________________

WOLLE

NADELSTÄRKE

GRÖSSE

MASCHENPROBE (10 × 10 cm)

MASCHENPROBE GEWASCHEN UND GESPANNT

ANLEITUNG VON

BESONDERHEITEN

Notizen

#strickenistwow

Mein STRICKPROJEKT

PROJEKTNAME Flaschenmantel

FORTSCHRITT

STRICKBEGINN

FERTIGGESTELLT AM

WOLLE	Cosy fine Durable, 58% Baumwolle, 42% Polyacryl (LL 105m/50g)
WOLLE	Cobalt und Blue Grey sowie ein Rest White (für 4 Runden)
NADELSTÄRKE	4,5mm
GRÖSSE	Durchmesser Boden ca. 8 bis 9cm, Höhe ca. 40cm
MASCHENPROBE (10 × 10 cm)	20M – 24 Reihen
MASCHENPROBE GEWASCHEN UND GESPANNT	16M – 22 Reihen
ANLEITUNG VON	

BESONDERHEITEN

Hinweis:

Gearbeitet wird glatt rechts in Runden und später mit Farbspiralen, das heißt drei, später zwei Farben werden abwechselnd auf unterschiedlichen Nadeln gestrickt.

Notizen

Stricktipp

Um beim Schließen zu Runden ein Loch zu vermeiden, kann man eine Masche mehr anschlagen. Am Ende der ersten Reihe diese zuletzt angeschlagene Masche mit der ersten Masche der nächsten Reihe zusammenstricken.

Es geht los:

Anschlag 8 M in Cobalt (auf ein Nadelspiel verteilen oder mit Magic Loop arbeiten)

1. Rd: alle M re

2. Rd: (1 M re, 1 kfb) wdh bis Rd-Ende (12 M)

3. Rd: (2 M re, 1 kfb) wdh bis Rd-Ende (16 M)

4. und 5. Rd: alle M re

6. Rd: (1 M re, 1 kfb) wdh bis Rd-Ende (24 M)

7. Rd: (2 M re, 1 kfb) wdh bis Rd-Ende (32 M)

8.–10. Rd: alle M re

11. Rd: (3 M re, 1 kfb) wdh bis Rd-Ende (40 M)

12. Rd: (4 M re, 1 kfb) wdh bis Rd-Ende (48 M)

13.–18. Rd: alle M re

Ab jetzt geht es mit drei Farben in Spiralen weiter.

Den Arbeitsfaden Cobalt am Ende der Nadel hängen lassen und die nächste Nadel (12 M) in Blue Grey stricken. Auch diesen Faden hängen lassen und die nächsten beiden Nadeln mit White arbeiten. Jetzt immer abwechselnd die Farbe stricken, vor der gerade eine Nadel ohne Arbeitsfaden liegt, bis jede Farbe 4 Runden hat.

Die Fäden der Farben Blue Grey und White abschneiden und 12 cm in Cobalt stricken.

Dann noch einmal Spiralen arbeiten, dieses Mal aber nur mit Cobalt und Blue Grey. Wenn jede Farbe 4 Rd hat, das Cobalt abschneiden und mit Blue Grey 8 cm stricken.

Nun folgt eine Reihe mit Lochmuster, um später eine Kordel durchziehen zu können.

Hierzu (1 M re, 2 re zusstr, 1 U, 1 re) wdh bis Rd-Ende.

Weitere 4 cm stricken und alle M abketten.

Mit Cobalt und 3 M eine Kordel stricken.

3 M anschlagen, (die M auf der Nadel wieder zurückschieben und 3 M re str) wdh, bis die Kordel 40 bis 45 cm hat. Gestrickt wird immer nur von einer Seite, hinten zieht man den Faden vom Ende an den Anfang – nach wenigen Reihen sieht man, wie sich die Kordel dadurch zusammenzieht.

Alle Fäden vernähen, die Kordel durch die Löcher am Flaschenmantel fädeln und den Mantel über eine Flasche ziehen.

Fertig

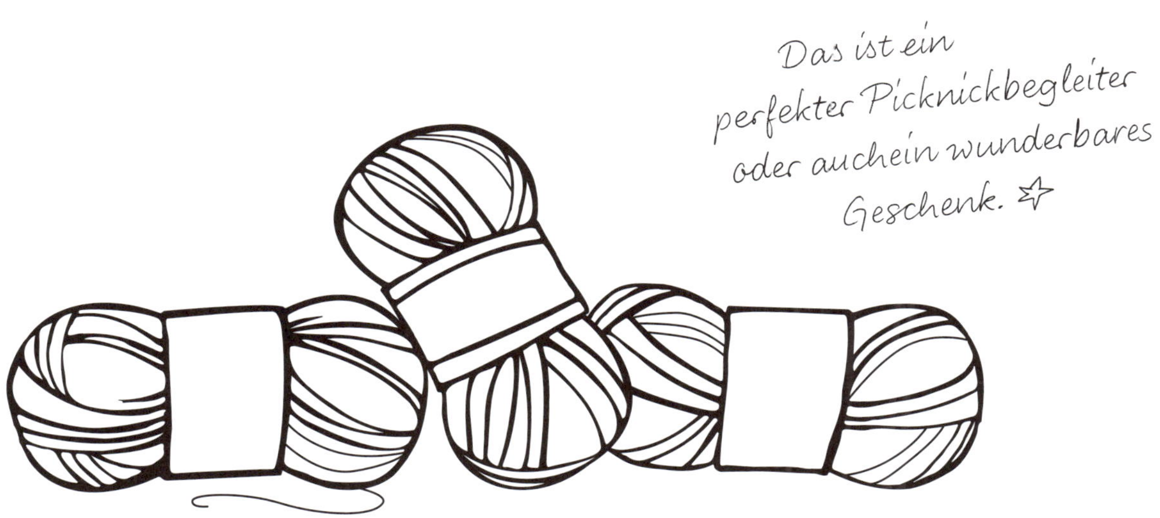

Mein STRICKPROJEKT

PROJEKTNAME

FORTSCHRITT

STRICKBEGINN

FERTIGGESTELLT AM

WOLLE

NADELSTÄRKE

GRÖSSE

MASCHENPROBE (10 × 10 cm)

MASCHENPROBE GEWASCHEN UND GESPANNT

ANLEITUNG VON

BESONDERHEITEN

Notizen

Mein STRICKPROJEKT

PROJEKTNAME

FORTSCHRITT

STRICKBEGINN

FERTIGGESTELLT AM

WOLLE

NADELSTÄRKE

GRÖSSE

MASCHENPROBE (10 × 10 cm)

MASCHENPROBE GEWASCHEN UND GESPANNT

ANLEITUNG VON

BESONDERHEITEN

Notizen

Mein STRICKPROJEKT

PROJEKTNAME Eckige Kosmetikpads **FORTSCHRITT**

STRICKBEGINN **FERTIGGESTELLT AM**

WOLLE
Durable Double Four,
100% Baumwolle
(LL 150 m/100 g)

NADELSTÄRKE 4,0–4,5 mm

GRÖSSE ca. 10 × 10 cm

MASCHENPROBE (10 × 10 cm) 16 M – 20 Reihen

MASCHENPROBE GEWASCHEN UND GESPANNT

ANLEITUNG VON

BESONDERHEITEN

Muster 1

16 M anschl

1. und 2. R: (2 M re, 2 M li) wdh bis Reihenende

3. und 4. R: (2 M li, 2 M re) wdh bis Reihenende

Die Reihen 1 bis 4 noch 4 × wiederholen.

In der letzten Reihe alle M abketten.

Muster 2

16 M anschl

1. und 2. R: (1 M re, 1 M li) wdh bis Reihenende

3. und 4. R: (1 M li, 1 M re) wdh bis Reihenende

Die Reihen 1 bis 4 noch 4 × wiederholen.

In der letzten Reihe alle M abketten.

Muster 3

16 M anschl

1. R: (1 M re, 1 M li) wdh bis Reihenende

2. R: (1 M li, 1 M re) wdh bis Reihenende

Die Reihen 1 und 2 noch 9 × wiederholen.

In der letzten Reihe alle M abketten.

Nur noch eine …

»Liebling, kommst du jetzt?«

»Bin gleich fertig, nur noch…« So schnell ich konnte, zog ich den Faden durch die Maschen. Ich wollte unbedingt noch sehen, wie der Übergang der Farben sich entwickeln würde.

»Wenn du jetzt sagst, nur noch diese Reihe, gehen die Hunde und ich ohne dich«, grummelte Joshua.

Molly setzte sich neben mich, legte mir ihre Pfote auf den Schoß und winselte.

Ich seufzte. Sie hatten ja recht, es wurde wirklich Zeit. Die Sonne lockte, und wir wollten ausreiten und uns mit Chloe, Scott und Sheona zum Picknick treffen. Entschlossen schob ich die Maschen auf das Seil, steckte Maschenstopper auf die Nadelspitzen und packte das Strickzeug in die Tasche. Der Farbübergang musste warten.

Übermütig sprang ich auf, warf mir die Tasche über die Schulter und rief: »Fertig! Was ist? Kommt ihr endlich? Ich warte schon tausendundeine Ewigkeit!«

Mein STRICKPROJEKT

PROJEKTNAME ____________________ FORTSCHRITT

STRICKBEGINN ____________________ FERTIGGESTELLT AM ____________________

WOLLE

NADELSTÄRKE

GRÖSSE

MASCHENPROBE (10 × 10 cm)

MASCHENPROBE GEWASCHEN UND GESPANNT

ANLEITUNG VON

BESONDERHEITEN

Notizen

#strickenistschön

Mein STRICKPROJEKT

PROJEKTNAME ______ **FORTSCHRITT**

STRICKBEGINN ______ **FERTIGGESTELLT AM** ______

WOLLE

NADELSTÄRKE

GRÖSSE

MASCHENPROBE (10 × 10 cm)

MASCHENPROBE GEWASCHEN UND GESPANNT

ANLEITUNG VON

BESONDERHEITEN

Notizen

Mein STRICKPROJEKT

PROJEKTNAME

FORTSCHRITT

STRICKBEGINN

FERTIGGESTELLT AM

WOLLE

NADELSTÄRKE

GRÖSSE

MASCHENPROBE (10 × 10 cm)

MASCHENPROBE GEWASCHEN UND GESPANNT

ANLEITUNG VON

BESONDERHEITEN

Notizen

Mein STRICKPROJEKT

PROJEKTNAME ______ FORTSCHRITT

STRICKBEGINN ______ FERTIGGESTELLT AM ______

WOLLE

NADELSTÄRKE

GRÖSSE

MASCHENPROBE (10 × 10 cm)

MASCHENPROBE GEWASCHEN UND GESPANNT

ANLEITUNG VON

BESONDERHEITEN

Notizen

Mein STRICKPROJEKT

PROJEKTNAME Topflappen mit Topf

FORTSCHRITT

STRICKBEGINN

FERTIGGESTELLT AM

WOLLE
Cottonsoft DK, King Cole, 100% Baumwolle (LL 210 m/100 g) in Mint und Navy, je 100 g.

NADELSTÄRKE
3,5 mm

GRÖSSE
ca. 22 × 22 cm

MASCHENPROBE (10 × 10 cm)
16 M – 26 Reihe

MASCHENPROBE GEWASCHEN UND GESPANNT

ANLEITUNG VON

BESONDERHEITEN
Direkt zum Youtube-Kanal »Der kleine Strickladen«

Hinweis:

Es wird immer nur die Vorderseite beschrieben, die Rückseite wird gegengleich gearbeitet – das heißt, die andere Farbe und linke statt rechte Maschen.

In den Hin- und Rückreihen wechselt die dominante Farbe. Die Seite, die du siehst, wird immer rechts, die Rückseite immer links gestrickt.

Die Randmasche wird mit beiden Maschen (Vorder- und Rückseite) gleichzeitig gestrickt. Das schließt die Kanten.

Tipp Zum **Doublefacestricken** – Anschlag, Stricken, Abketten und Fehlerkorrektur – findest du ein Video auf dem Youtube-Kanal »Der kleine Strickladen«.

Notizen

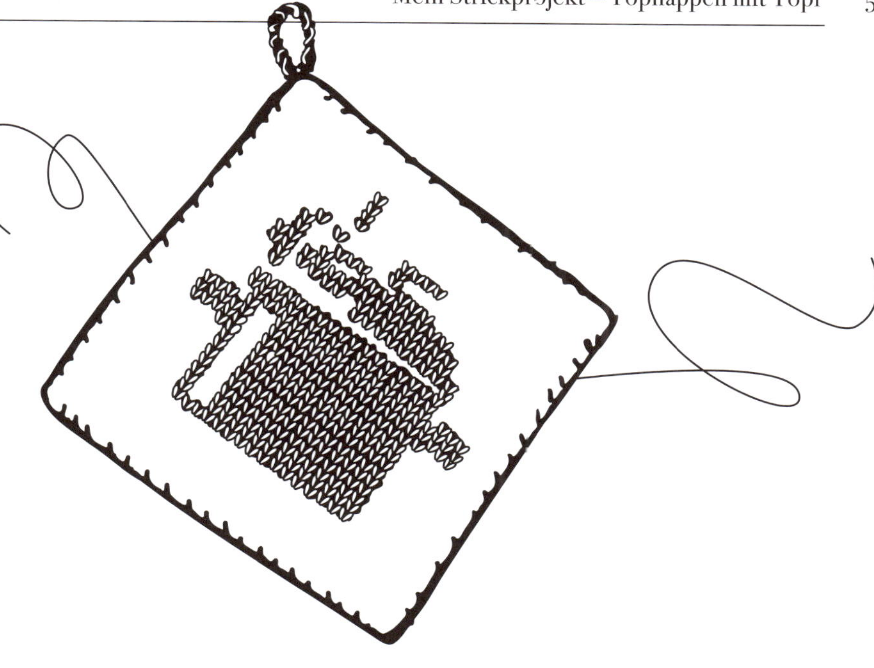

Es geht los:

36 M zweifarbig anschlagen

1. R: 1 Rdm, 34 M re Mint, 1 Rdm

2. R: 1 Rdm, 34 M re Navy, 1 Rdm

Die Reihen 1 und 2 wiederholen bis Reihe 8.

9. R: 1 Rdm, 8 M re Mint, 17 M re Navy, 9 M re Mint, 1 Rdm

10. R: 1 Rdm, 9 M re Navy, 1 M re Mint, 2 M re Navy, 14 M re Mint, 8 M re Navy, 1 Rdm

11. R: 1 Rdm, 8 M re Mint, 14 M re Navy, 2 M re Mint, 1 M re Navy, 9 M re Mint, 1 Rdm

Reihe 10 und 11 wiederholen bis Reihe 20.

21. R: 1 Rdm, 7 M re Mint, 15 M re Navy, 2 M re Mint, 2 M re Navy, 8 M re Mint, 1 Rdm

22. R: 1 Rdm, 5 M re Navy, 5 M re Mint, 2 M re Navy, 18 M re Mint, 4 M re Navy, 1 Rdm

23. R: 1 Rdm, 4 M re Mint, 18 M re Navy, 2 M re Mint, 5 M re Navy, 5 M re Mint, 1 Rdm

24. R: 1 Rdm, 5 M re Navy, 3 M re Mint, 1 M re Navy, 1 M re Mint, 2 M re Navy, 14 M re Mint, 1 M re Navy, 3 M re Mint, 4 M re Navy, 1 Rdm

25. R: 1 Rdm, 8 M re Mint, 17 M re Navy, 9 M re Mint, 1 Rdm

26. R: 1 Rdm, 9 M re Navy, 17 M re Mint, 8 M re Navy, 1 Rdm

27. R: 1 Rdm, 7 M re Mint, 19 M re Navy, 8 M re Mint, 1 Rdm

28. R: 1 Rdm, 25 M re Navy, 2 M re Mint, 7 M re Navy, 1 Rdm

29. R: 1 Rdm, 7 M re Mint, 6 M re Navy, 21 M re Mint, 1 Rdm

30. R: 1 Rdm, 16 M re Navy, 11 M re Mint, 7 M re Navy, 1 Rdm

31. R: 1 Rdm, 8 M re Mint, 14 M re Navy, 3 M re Mint, 1 M re Navy, 8 M re Mint, 1 Rdm

32. R: 1 Rdm, 8 M re Navy, 1 M re Mint, 1 M re Navy, 16 M re Mint, 8 M re Navy, 1 Rdm

33. R: 1 Rdm, 9 M re Mint, 11 M re Navy, 3 M re Mint, 1 M re Navy, 1 M re Mint, 2 M re Navy, 7 M re Mint, 1 Rdm

34. R: 1 Rdm, 7 M re Navy, 2 M re Mint, 2 M re Navy, 1 M re Mint, 3 M re Navy, 8 M re Mint, 11 M re Navy, 1 Rdm

35. R: 1 Rdm, 13 M re Mint, 3 M re Navy, 3 M re Mint, 3 M re Navy, 3 M re Mint, 1 M re Navy, 8 M re Mint, 1 Rdm

36. R: 1 Rdm, 8 M re Navy, 1 M re Mint, 8 M re Navy, 1 M re Mint, 16 M re Navy, 1 Rdm

37. R: 1 Rdm, 16 M re Mint, 1 M re Navy, 5 M re Mint, 1 M re Navy, 2 M re Mint, 1 M re Navy, 8 M re Mint, 1 Rdm

38. R: 1 Rdm, 9 M re Navy, 1 M re Mint, 7 M re Navy, 4 M re Mint, 13 M re Navy, 1 Rdm

39. R: 1 Rdm, 21 M re Mint, 1 M re Navy, 12 M re Mint, 1 Rdm

40. R: 1 Rdm, 12 M re Navy, 1 M re Mint, 21 M re Navy, 1 Rdm

Reihe 39 und 40 wiederholen bis Reihe 44

45. R: 1 Rdm, 34 M re Mint, 1 Rdm

46. R: 1 Rdm, 34 M re Navy, 1 Rdm

Reihe 45 und 46 wiederholen bis Reihe 56.

Reihe 57 alle Maschen abketten – dabei immer zwei Maschen stricken (Vorder- und Rückseite) und die beiden Farben der vorherigen Masche gleichzeitig über die beiden neuen Maschen ziehen.

Aus der letzten Masche heraus mit beiden Fäden 12 Luftmaschen häkeln und das Ende am Topflappen festnähen.

Einen zweiten Topflappen arbeiten, Fäden vernähen und fertig.

Mein STRICKPROJEKT

PROJEKTNAME ______ FORTSCHRITT

STRICKBEGINN ______ FERTIGGESTELLT AM ______

WOLLE
NADELSTÄRKE
GRÖSSE
MASCHENPROBE (10 × 10 cm)
MASCHENPROBE GEWASCHEN UND GESPANNT
ANLEITUNG VON

BESONDERHEITEN

Notizen

Mein STRICKPROJEKT

PROJEKTNAME

FORTSCHRITT

STRICKBEGINN

FERTIGGESTELLT AM

WOLLE

NADELSTÄRKE

GRÖSSE

MASCHENPROBE (10 × 10 cm)

MASCHENPROBE GEWASCHEN UND GESPANNT

ANLEITUNG VON

BESONDERHEITEN

Notizen

#strickengehtimmer

Mein STRICKPROJEKT

PROJEKTNAME

FORTSCHRITT

STRICKBEGINN

FERTIGGESTELLT AM

WOLLE

NADELSTÄRKE

GRÖSSE

MASCHENPROBE (10 × 10 cm)

MASCHENPROBE GEWASCHEN UND GESPANNT

ANLEITUNG VON

BESONDERHEITEN

Notizen

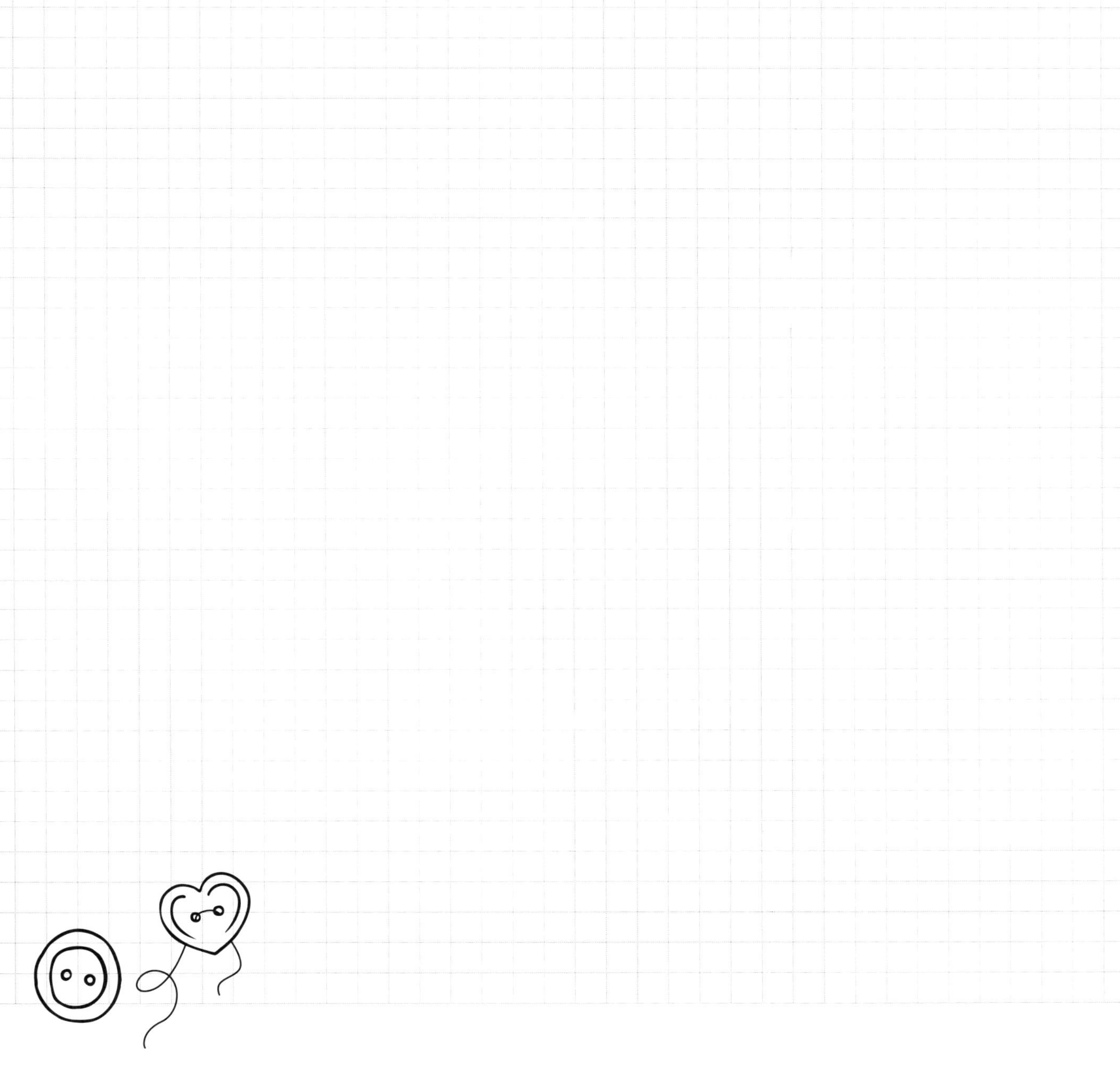

Mein STRICKPROJEKT

PROJEKTNAME Romantic Cascades – halbrundes Tuch

FORTSCHRITT

STRICKBEGINN

FERTIGGESTELLT AM

WOLLE
Finesse King Cole, 77% Baumwolle, 23% Seide (LL 120 m/50 g), 250 g Soft Pink

NADELSTÄRKE
4,5 mm

GRÖSSE
220 cm auf 60 cm

MASCHENPROBE (10 × 10 cm)
kraus rechts: 18 M – 28 R

MASCHENPROBE GEWASCHEN UND GESPANNT
kraus rechts: 16 M – 22 R

ANLEITUNG VON

BESONDERHEITEN

Hinweis:

22 Maschenmarkierer werden benötigt

Form: halbrundes Tuch, das von oben nach unten gestrickt wird.

Kaskaden

1 Mustersatz geht über 13 M und 10 Reihen

1. R: 2 M überzogen zusstr, 4 M re, 1 U, 1 M re, 1 U, 4 M re, 2 M rechts zusstr

2. R: alle M li

3. R: 2 M überzogen zusstr, 3 M re, 1 U, 3 M re, 1 U, 3 M re, 2 M rechts zusstr

4. R: alle M li

5. R: 2 M überzogen zusstr, 2 M re, 1 U, 2 M rechts zusstr, 1 U, 1 M re, 1 U, 2 M überzogen zusstr, 1 U, 2 M re, 2 M rechts zusstr

6. R: alle M li

7. R: 2 M überzogen zusstr, 1 M re, 1 U, 2 M rechts zusstr, 1 U, 3 M re, 1 U, 2 M überzogen zusstr, 1 U, 1 M re, 2 M rechts zusstr

8. R: alle M li

9. R: 2 M überzogen zusstr, 1 U, 2 M rechts zusstr, 1 U, 2 M rechts zusstr, 1 U, 1 M re, 1 U, 2 M überzogen zusstr, 1 U, 2 M überzogen zusstr, 1 U, 2 M rechts zusstr

10. R: alle M li

Jetzt geht es los:

STRICKSCHRIFT KASKADEN

◢	○	◣	○	◣	○	■	○	◢	○	◢	○	◣	9
◢	■	○	◣	○	■	■	■	○	◢	○	■	◣	7
◢	■	■	○	◣	○	■	○	◢	○	■	■	◣	5
◢	■	■	■	○	■	■	■	○	■	■	■	◣	3
◢	■	■	■	■	○	■	○	■	■	■	■	◣	1

Rückreihen immer links

LEGENDE

■ rechte Masche

○ Umschlag

◢ 2 Maschen rechts zusammmenstricken

◣ 2 Maschen rechts überzogen zusammenstricken: 1 M wie zum Rechtsstricken abheben, die nächste Masche rechts stricken und die abgehobene Masche überziehen.

KRAUS RECHTS

alle M rechts

ZUNAHMEN

Über das ganze Tuch hinweg in jeder Reihe die zweite und vorletzte Masche kfb!

9 M anschlagen (oder einen Garte Tab stricken)

1.–30. R: alle M re (Achtung, an die Zunahmen denken)

Ab Reihe 31 mit den Kaskaden beginnen. Rechts und links neben dem Muster weiter kraus rechts arbeiten.

MM setzen (3 M jeweils rechts und links und im mittleren Teil 5 × 13 M einteilen für die Kaskaden). Die MM bis zum Ende des Tuchs gesetzt lassen – rechts und links wird erweitert!

31.–40. R: kraus rechts, 5 × Kaskaden, kraus rechts

Reihe 31 zur Orientierung:
1 M re, 1 M kfb, 1 M re, MM,
13 M Kaskade, MM, 13 M Kaskade,
MM, 13 M Kaskade, MM,
13 M Kaskade, MM, 13 M Kaskade,
MM, 1 M re, 1 M kfb, 1 M re

41.–56. R: kraus rechts

Zwei Kaskadenmustersätze rechts und links erweitern und MM setzen.

57.–76. R: kraus rechts, 9 × Kaskaden, kraus rechts (die 10 R Kaskadenmuster werden 2 × gestrickt)

77.–92. R: kraus rechts

Zwei Kaskadenmustersätze rechts und links erweitern und MM setzen.

93.–102. R: kraus rechts,
13 × Kaskaden, kraus rechts

Einen Mustersatz rechts und links erweitern und MM setzen.

103.–112. R: kraus rechts,
15 × Kaskaden, kraus rechts

Einen Mustersatz rechts und links erweitern und MM setzen.

113.–122. R: kraus rechts,
17 × Kaskaden, kraus rechts

123.–138. R: kraus rechts

Zwei Mustersätze rechts und links erweitern und MM setzen.

139.–148. R: kraus rechts,
21 × Kaskaden, kraus rechts

149.–153. R: kraus rechts

Letzte Reihe alle M elastisch abketten.

Das heißt: 1 M rechts, * 1 M rechts, beide M zurück auf die linke Nadel legen und 2 M rechts verschränkt zusammenstr,

ab * wdh bis zur letzten M

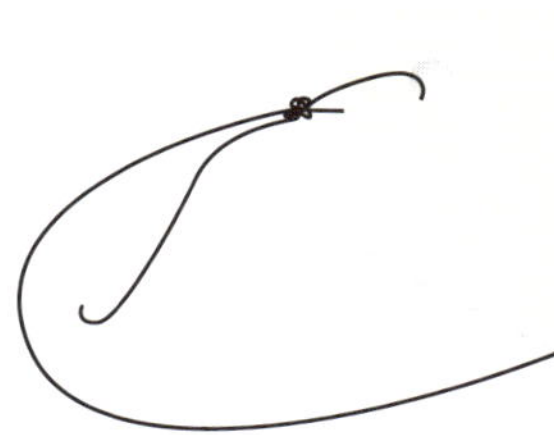

Stricktipp

Besonders bei Tüchern wird oft mit größeren Nadelstärken gestrickt, um das Tuch nach dem Baden lockerer und größer werden zu lassen. Ein gestrickter Pullover dagegen soll die Form halten. Deshalb Maschenproben immer auszählen, baden und erneut auszählen.

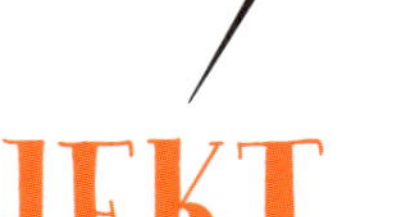

Mein STRICKPROJEKT

PROJEKTNAME ____________________ **FORTSCHRITT**

STRICKBEGINN ____________________ **FERTIGGESTELLT AM** ____________________

WOLLE

NADELSTÄRKE

GRÖSSE

MASCHENPROBE (10 × 10 cm)

MASCHENPROBE GEWASCHEN UND GESPANNT

ANLEITUNG VON

BESONDERHEITEN

Notizen

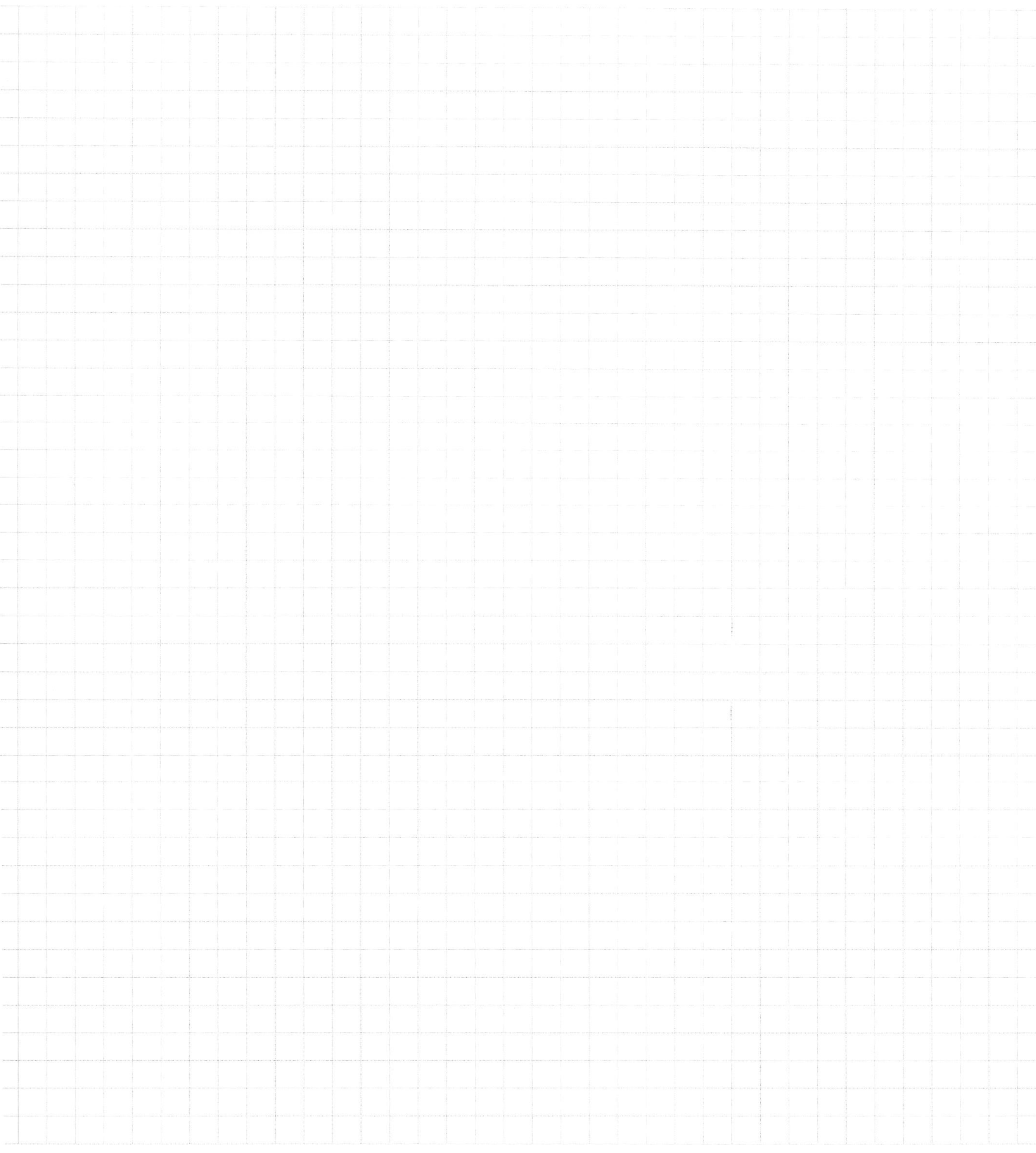

Mein STRICKPROJEKT

PROJEKTNAME ____________ FORTSCHRITT

STRICKBEGINN ____________ FERTIGGESTELLT AM ____________

WOLLE

NADELSTÄRKE

GRÖSSE

MASCHENPROBE (10 × 10 cm)

MASCHENPROBE GEWASCHEN UND GESPANNT

ANLEITUNG VON

BESONDERHEITEN

Notizen

Mein STRICKPROJEKT

PROJEKTNAME

FORTSCHRITT

STRICKBEGINN

FERTIGGESTELLT AM

WOLLE

NADELSTÄRKE

GRÖSSE

MASCHENPROBE (10 × 10 cm)

MASCHENPROBE GEWASCHEN UND GESPANNT

ANLEITUNG VON

BESONDERHEITEN

Notizen

Mein STRICKPROJEKT

PROJEKTNAME Drachendekoration fürs Kinderzimmer

FORTSCHRITT

STRICKBEGINN

FERTIGGESTELLT AM

WOLLE
Durable Double four, 100% Baumwolle (LL 150 m/100 g)

NADELSTÄRKE
4,0 mm

GRÖSSE
ca. 22 × 22 cm

MASCHENPROBE (10 × 10 cm)
16 M – 20 Reihen

MASCHENPROBE GEWASCHEN UND GESPANNT

ANLEITUNG VON

PUSCHEL UND DRACHENSCHWANZSCHLEIFEN
Bunte Reste Durable Coral, 100 % Baumwolle (LL 125 m/100 g) oder eine andere Wolle mit gleicher LL.

NADELSTÄRKE
2,5 bis 3,0 mm

GRÖSSE
ca. 12 × 16 cm*

Notizen

Tipp **Für Puschel und Drachenschwanzschleifen:** Die Durable Coral gibt es als Miniknäuel mit 20 g.

*Breite mal Höhe, von Spitze zu Spitze gemessen, ohne den Drachenschwanz

Es geht los:

2 M anschl

1. R: 1 M re, 1 U, 1 M re

2. R: 1 M re, 1 M re verschränkt, 1 M re

3. R: 1 M re, 1 U, 1 M re, 1 U, 1 M re

4. R: alle M re, die U dabei re verschränkt arbeiten

3. und 4. R wdh, bis 21 M auf der Nadel sind. Dabei die U immer an zweiter und vorletzter Stelle arbeiten. Noch eine Rückreihe stricken.

Jetzt geht es umgekehrt weiter.

1. R: 1 M re, 2 M rezsmstr, bis 3 M vor Ende alle M re, 2 M rezsmstr, 1 M re

2.–4. R: alle M re

Die Reihen 1–4 wiederholen, bis 5 M auf der Nadel sind (enden mit einer 1. Reihe).

Dann: 2 M rezsmstr, 1 M re, 2 M rezsmstr

Die letzten 3 Maschen werden nun für den Drachenschwanz als I-Cord gestrickt.

Dazu wird nur von einer Seite gearbeitet, nicht gewendet.

3 M re, die M wieder an das andere Ende der Nadel schieben und 3 M re. Der Faden wird dazu hinten über die Breite der 3 M gespannt. Nach ein paar Wiederholungen bildet sich die Kordel.

Bis 12 cm Länge arbeiten. Zuletzt 3 M verschränkt zusammenstricken, eine M re zur Stabilisierung und Faden abschneiden.

Das ist die Grundform der Drachendeko.

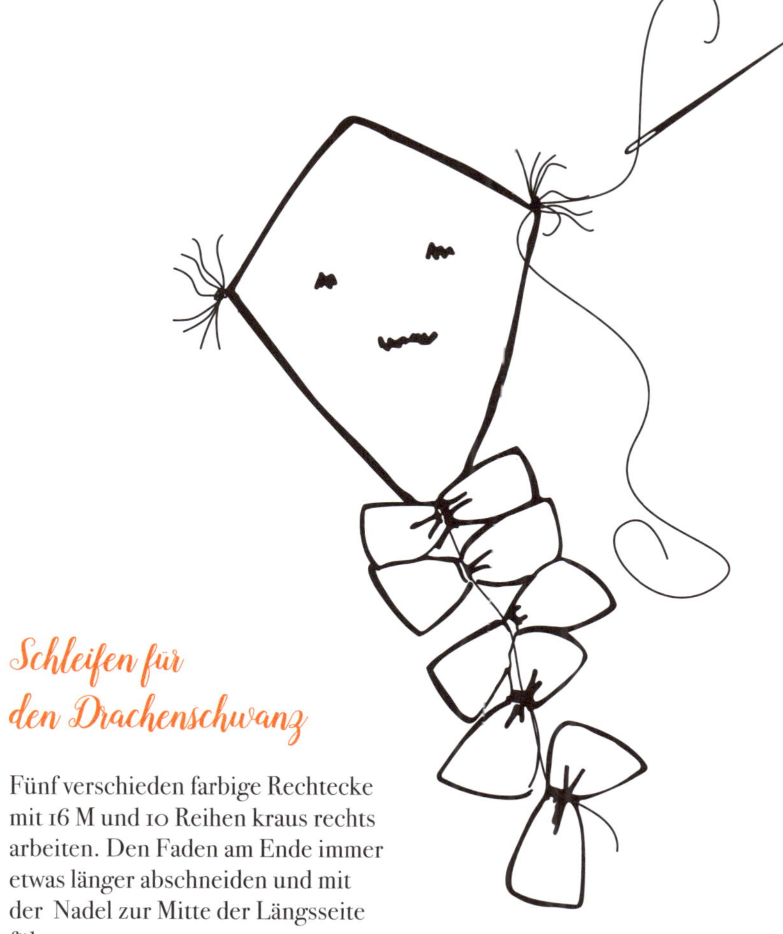

Schleifen für den Drachenschwanz

Fünf verschieden farbige Rechtecke mit 16 M und 10 Reihen kraus rechts arbeiten. Den Faden am Ende immer etwas länger abschneiden und mit der Nadel zur Mitte der Längsseite führen.

Die Rechtecke in der Mitte raffen und als Schleife am Drachenschwanz festnähen.

Kleine Puschel rechts und links und ein fröhliches Gesicht kannst du nach Lust und Laune arbeiten.

Fertig ist ein fröhlicher Dekodrachen ☺

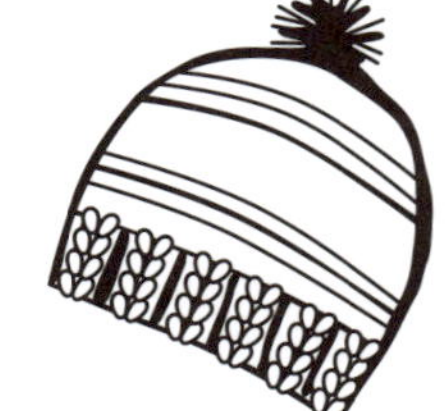

Mein STRICKPROJEKT

PROJEKTNAME ______________________ **FORTSCHRITT**

STRICKBEGINN ______________________ **FERTIGGESTELLT AM** ______________________

WOLLE

NADELSTÄRKE

GRÖSSE

MASCHENPROBE (10 × 10 cm)

MASCHENPROBE GEWASCHEN UND GESPANNT

ANLEITUNG VON

BESONDERHEITEN

Notizen

Mein STRICKPROJEKT

PROJEKTNAME

FORTSCHRITT

STRICKBEGINN

FERTIGGESTELLT AM

WOLLE

NADELSTÄRKE

GRÖSSE

MASCHENPROBE (10 × 10 cm)

MASCHENPROBE GEWASCHEN UND GESPANNT

ANLEITUNG VON

BESONDERHEITEN

Notizen

Mein STRICKPROJEKT

PROJEKTNAME

FORTSCHRITT

STRICKBEGINN

FERTIGGESTELLT AM

WOLLE

NADELSTÄRKE

GRÖSSE

MASCHENPROBE (10 × 10 cm)

MASCHENPROBE GEWASCHEN UND GESPANNT

ANLEITUNG VON

BESONDERHEITEN

Notizen

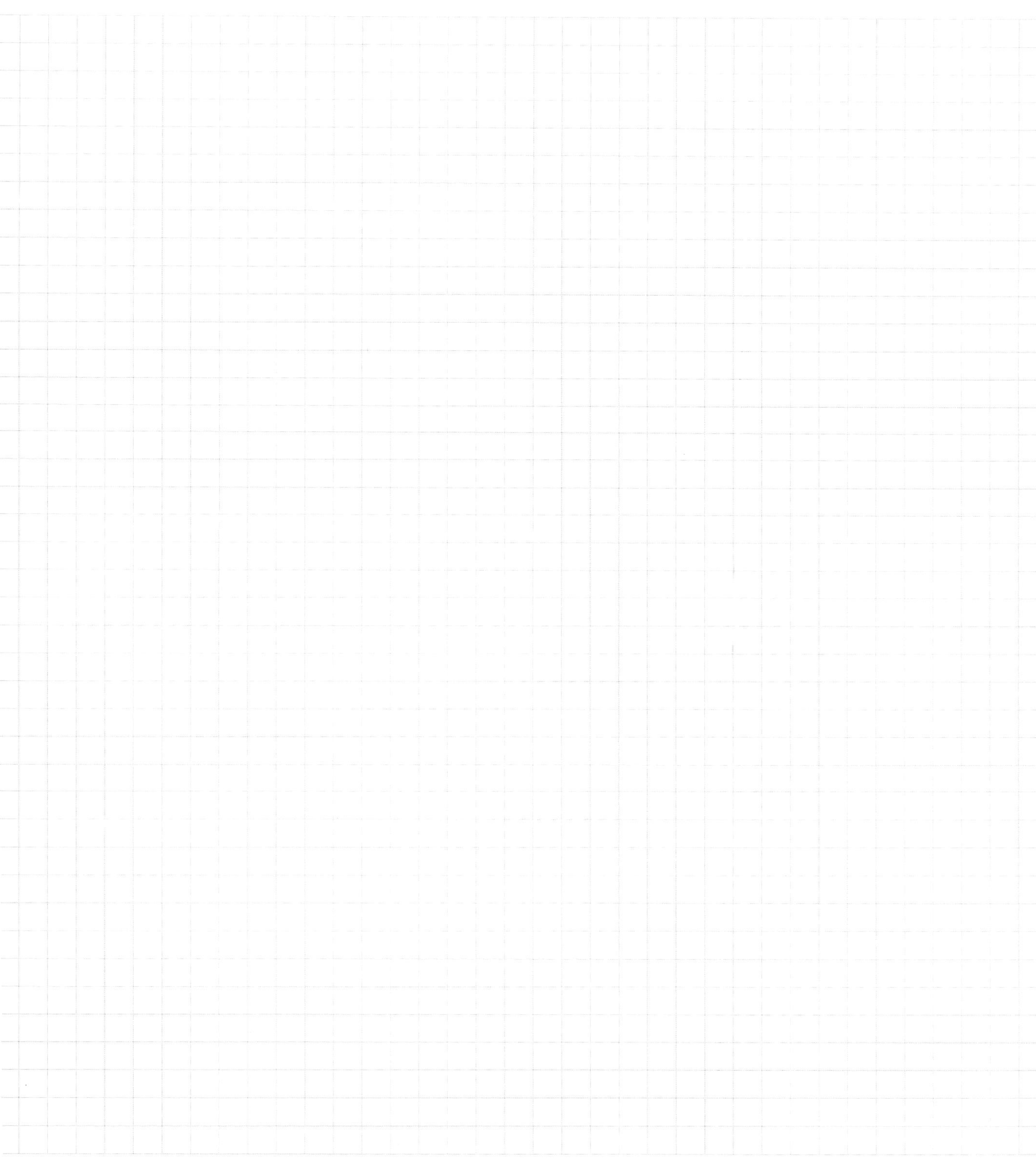

Mein STRICKPROJEKT

PROJEKTNAME Drachenlesezeichen **FORTSCHRITT**

STRICKBEGINN **FERTIGGESTELLT AM**

WOLLE
Durable Double four, 100% Baumwolle (LL 150 m/100 g)

NADELSTÄRKE
4,0 mm

GRÖSSE
ca. 6 × 8 cm*

MASCHENPROBE (10 × 10 cm)
16 M – 20 Reihen

MASCHENPROBE GEWASCHEN UND GESPANNT

ANLEITUNG VON

PUSCHEL UND DRACHENSCHWANZSCHLEIFEN
Bunte Reste Durable Coral, 100 % Baumwolle (LL 125 m/100 g) oder eine andere Wolle mit gleicher LL.

NADELSTÄRKE
2,5 bis 3,0 mm

Notizen

Tipp **Für Puschel und Drachenschwanzschleifen:** Die Durable Coral gibt es als Miniknäuel mit 20 g.

*Breite mal Höhe, von Spitze zu Spitze gemessen, ohne den Drachenschwanz

Es geht los:

2 M anschl

1. R: 1 M re, 1 U, 1 M re

2. R: 1 M re, 1 M re verschränkt, 1 M re

3. R: 1 M re, 1 U, 1 M re, 1 U, 1 M re

4. R: alle M re, die U dabei re verschränkt arbeiten

3. und 4. R wdh, bis 11 M auf der Nadel sind. Dabei die U immer an zweiter und vorletzter Stelle arbeiten. Noch eine Rückreihe stricken.

Jetzt geht es umgekehrt weiter.

1. R: 1 M re, 2 M rezsmstr, bis 3 M vor Ende alle M re, 2 M rezsmstr, 1 M re

2.–4. R: alle M re

Die Reihen 1–4 wiederholen, bis 5 M auf der Nadel sind (enden mit einer 1. Reihe).

Dann: 2 M rezsmstr, 1 M re, 2 M rezsmstr

Die letzten 3 Maschen werden nun für den Drachenschwanz als I-Cord gestrickt.

Dazu wird nur von einer Seite gearbeitet, nicht gewendet.

3 M re, die M wieder an das andere Ende der Nadel schieben und 3 M re. Der Faden wird dazu hinten über die Breite der 3 M gespannt. Nach ein paar Wiederholungen bildet sich die Kordel.

Bis 12 cm Länge arbeiten. Zuletzt 3 M verschränkt zusammenstricken, eine M re zur Stabilisierung und Faden abschneiden.

Das ist die Grundform des Drachenlesezeichens.

Schleifen für den Drachenschwanz

Drei verschieden farbige Rechtecke mit 12 M und 8 Reihen kraus rechts arbeiten. Den Faden am Ende immer etwas länger abschneiden und mit der Nadel zur Mitte der Längsseite führen.

Die Rechtecke in der Mitte raffen und als Schleife am Drachenschwanz festnähen.

Kleine Puschel rechts und links und ein fröhliches Gesicht kannst du nach Lust und Laune arbeiten.

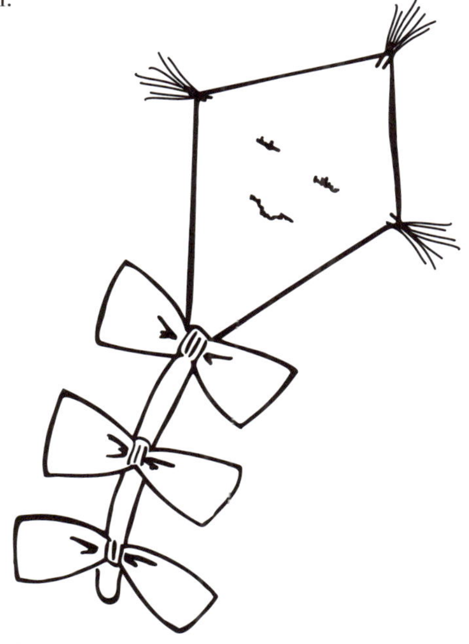

Fertig ist ein fröhliches Drachenlesezeichen. Viel Spaß beim Stricken und Lesen :)

Mein STRICKPROJEKT

PROJEKTNAME

FORTSCHRITT

STRICKBEGINN

FERTIGGESTELLT AM

WOLLE

NADELSTÄRKE

GRÖSSE

MASCHENPROBE (10 × 10 cm)

MASCHENPROBE GEWASCHEN UND GESPANNT

ANLEITUNG VON

BESONDERHEITEN

Notizen

Mein STRICKPROJEKT

PROJEKTNAME ______________________ FORTSCHRITT

STRICKBEGINN ______________________ FERTIGGESTELLT AM ______________________

WOLLE

NADELSTÄRKE

GRÖSSE

MASCHENPROBE (10 × 10 cm)

MASCHENPROBE GEWASCHEN UND GESPANNT

ANLEITUNG VON

BESONDERHEITEN

Notizen

Mein STRICKPROJEKT

PROJEKTNAME ______ FORTSCHRITT

STRICKBEGINN ______ FERTIGGESTELLT AM ______

WOLLE

NADELSTÄRKE

GRÖSSE

MASCHENPROBE (10 × 10 cm)

MASCHENPROBE GEWASCHEN UND GESPANNT

ANLEITUNG VON

BESONDERHEITEN

Notizen

Mein STRICKPROJEKT

PROJEKTNAME

FORTSCHRITT

STRICKBEGINN

FERTIGGESTELLT AM

WOLLE
NADELSTÄRKE
GRÖSSE
MASCHENPROBE (10 × 10 cm)
MASCHENPROBE GEWASCHEN UND GESPANNT
ANLEITUNG VON

BESONDERHEITEN

Notizen

Stricktipp

Bei schwierigen Mustern kann ein Rettungsfaden nicht nur Maschen, sondern auch Nerven retten.

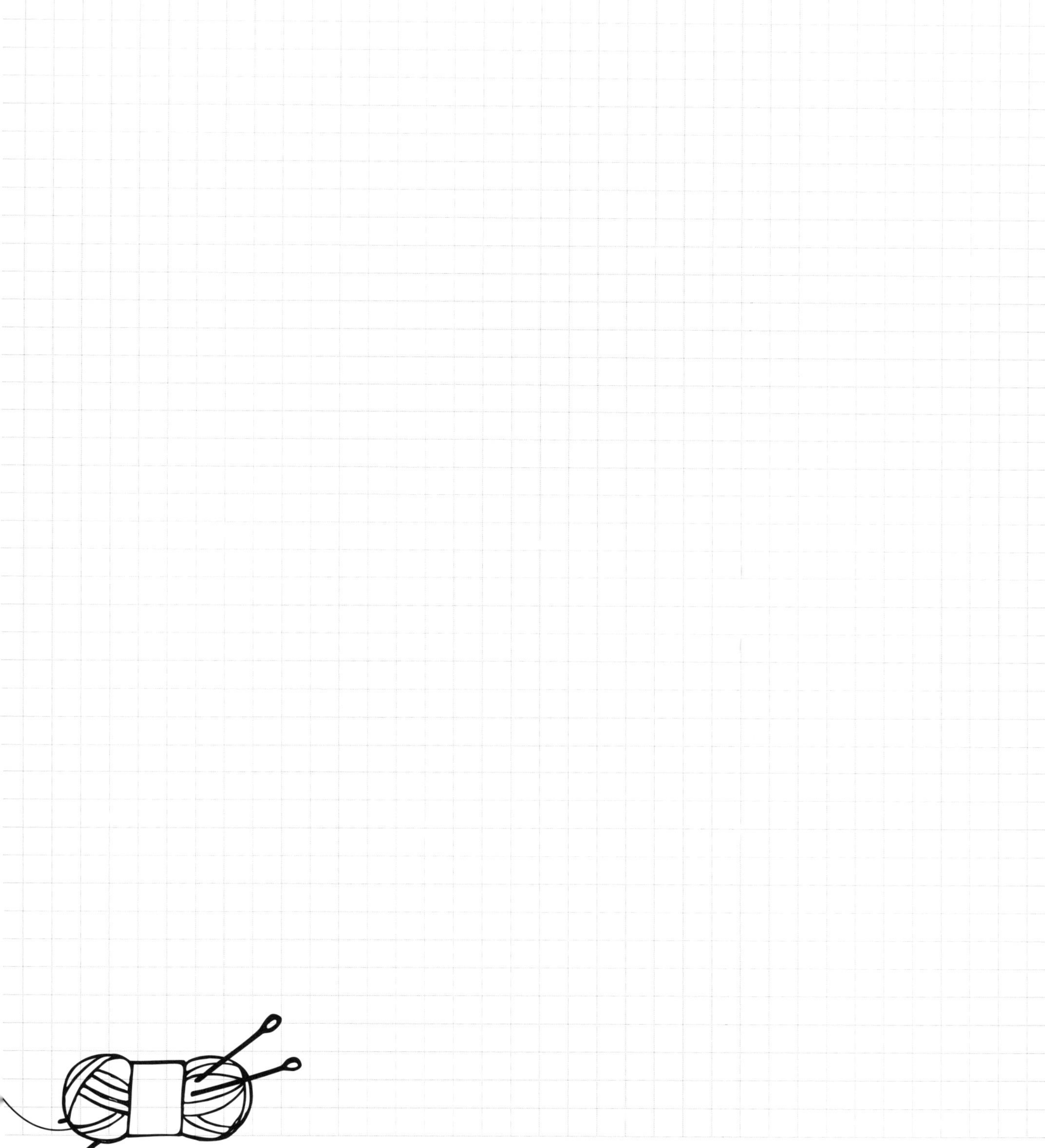

Moodboard – INSPIRATION *und* KOMBINATIONEN

Hier ist Platz, um Bilder einzukleben
und für deine Notizen

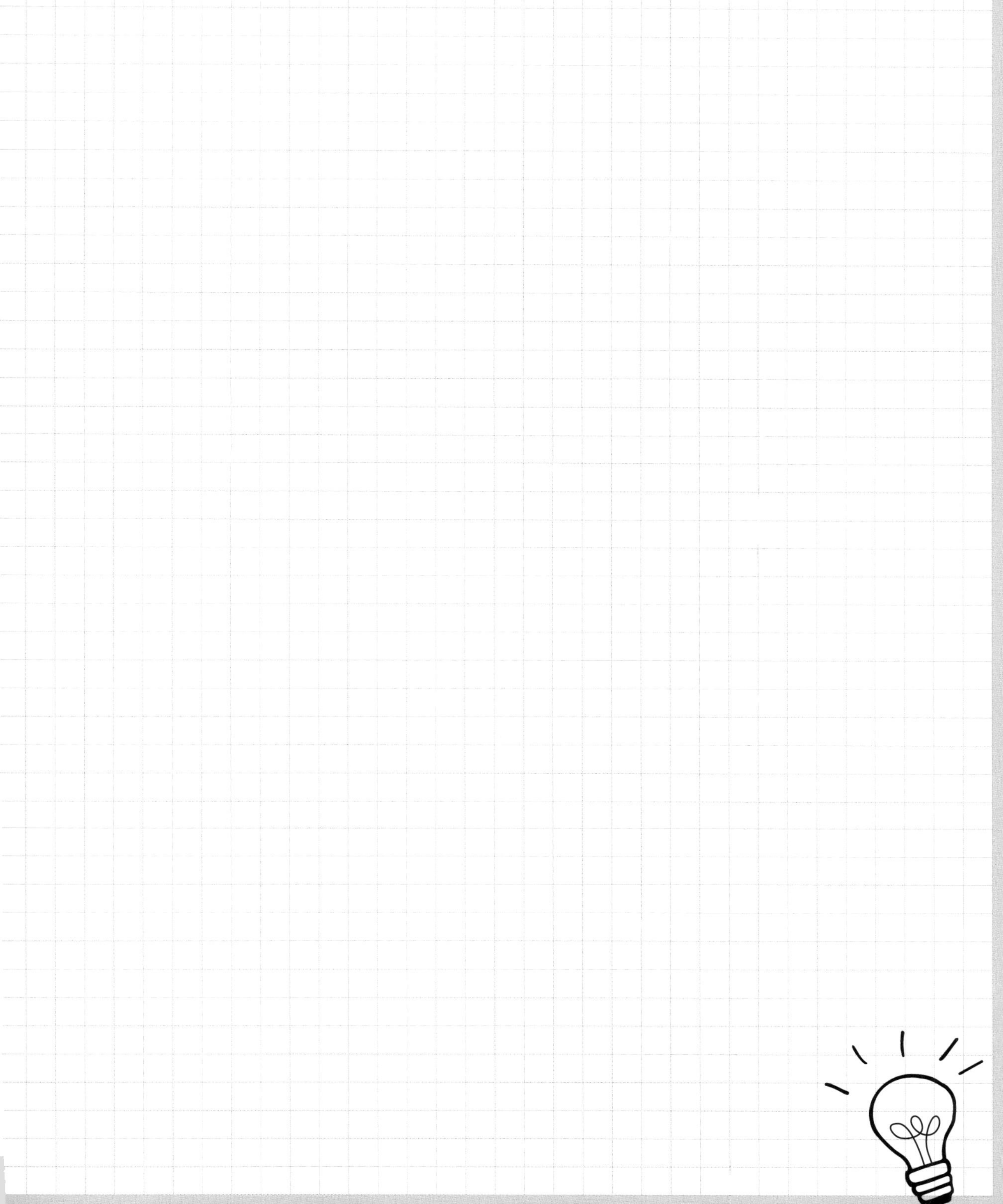

#ichliebewolle

Meine LIEBLINGSWOLLE

NAME	HERSTELLER	MATERIAL	LAUFLÄNGE	FARBE(N)

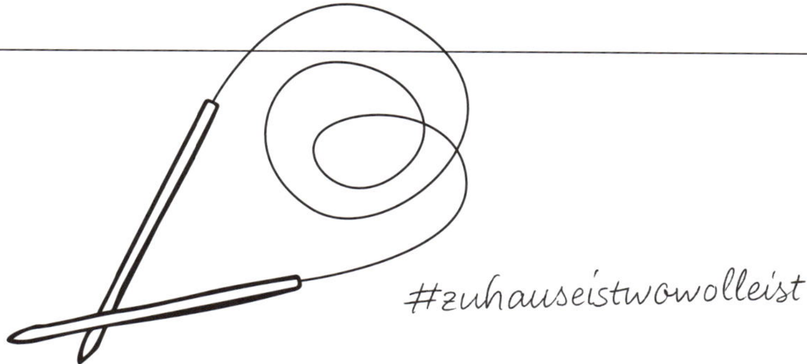

NAME	HERSTELLER	MATERIAL	LAUFLÄNGE	FARBE(N)

Wunschliste WOLLE

#wollewollewolle

#kommewaswolle

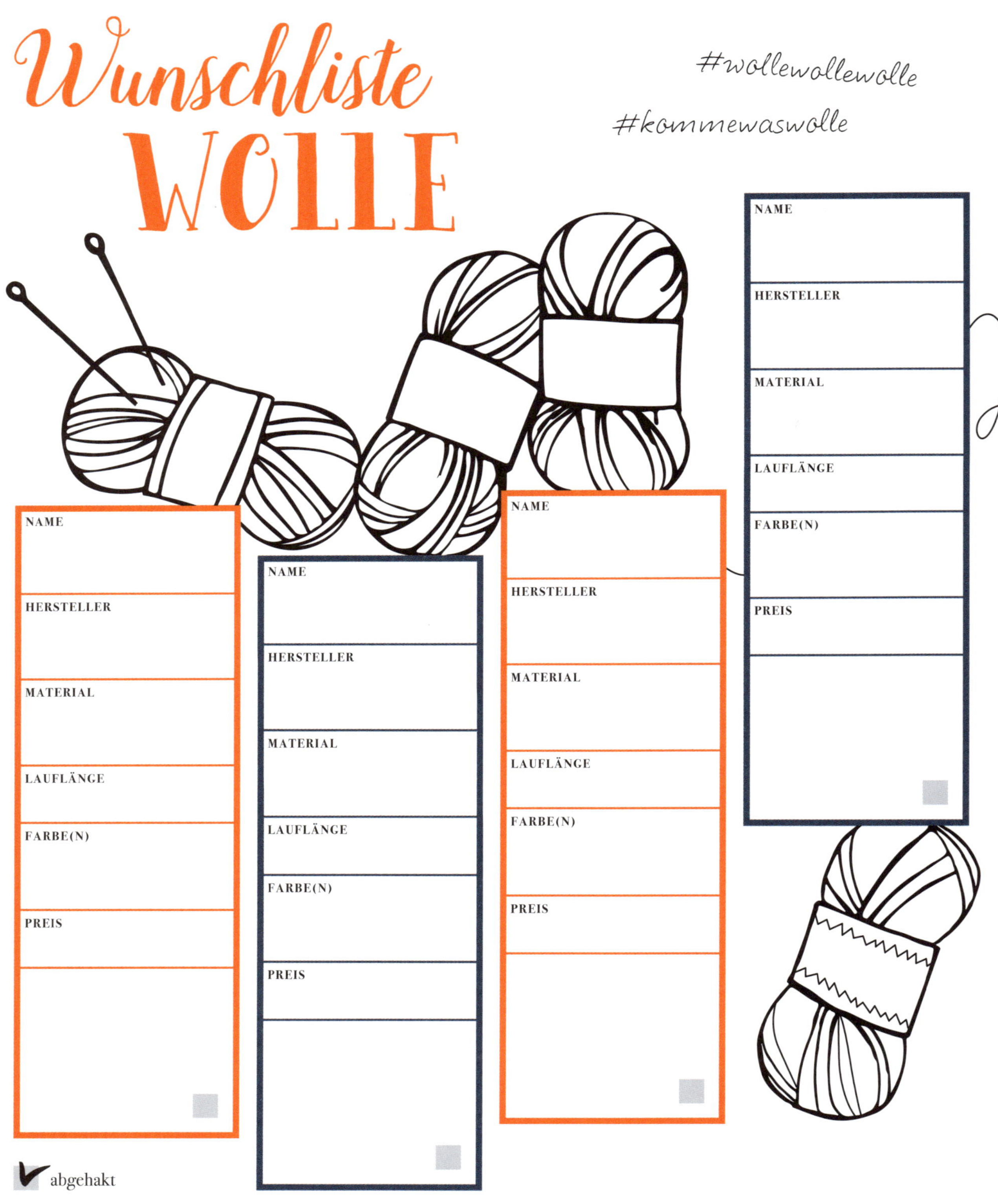

abgehakt

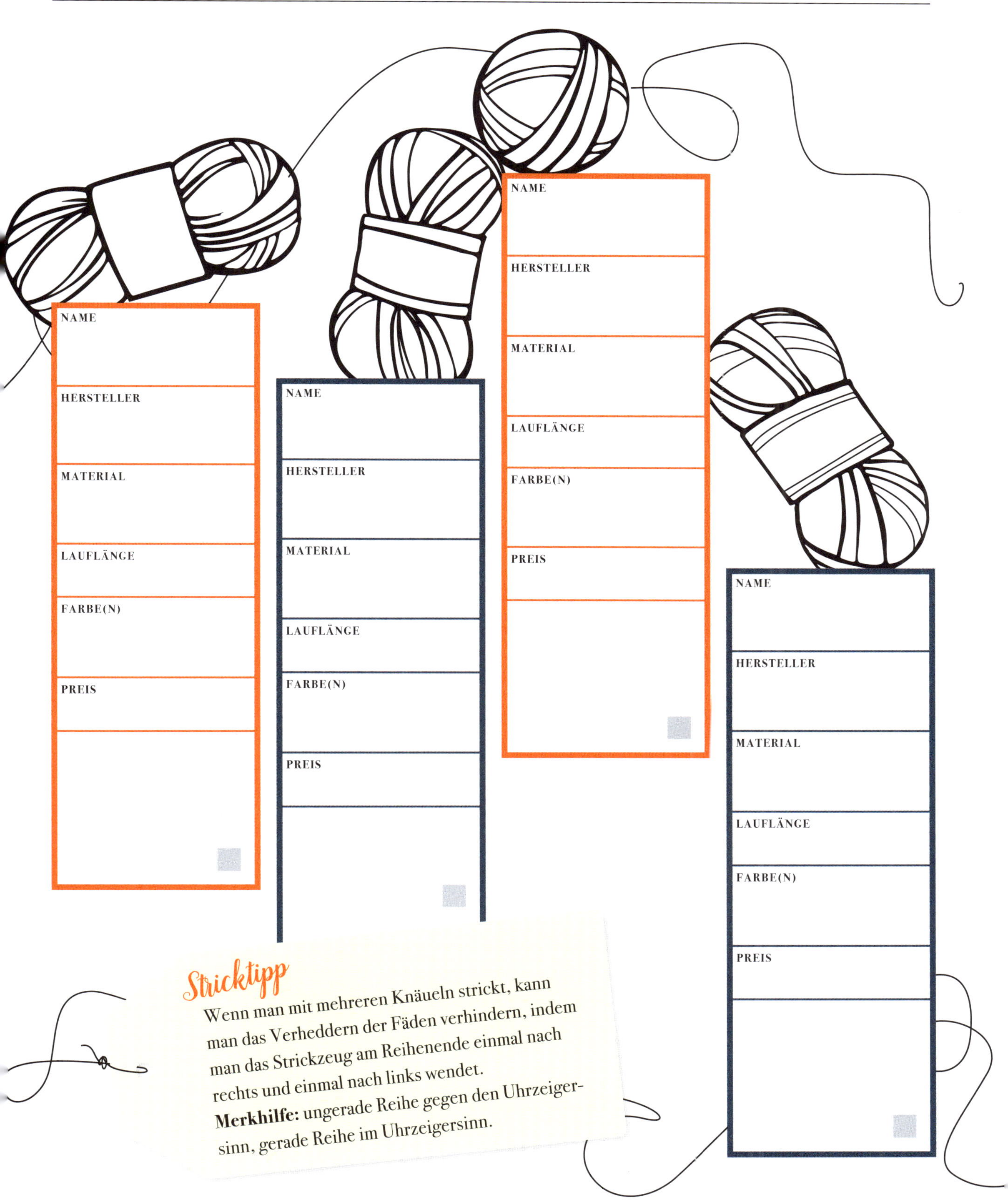

Stricktipp

Wenn man mit mehreren Knäueln strickt, kann man das Verheddern der Fäden verhindern, indem man das Strickzeug am Reihenende einmal nach rechts und einmal nach links wendet.
Merkhilfe: ungerade Reihe gegen den Uhrzeigersinn, gerade Reihe im Uhrzeigersinn.

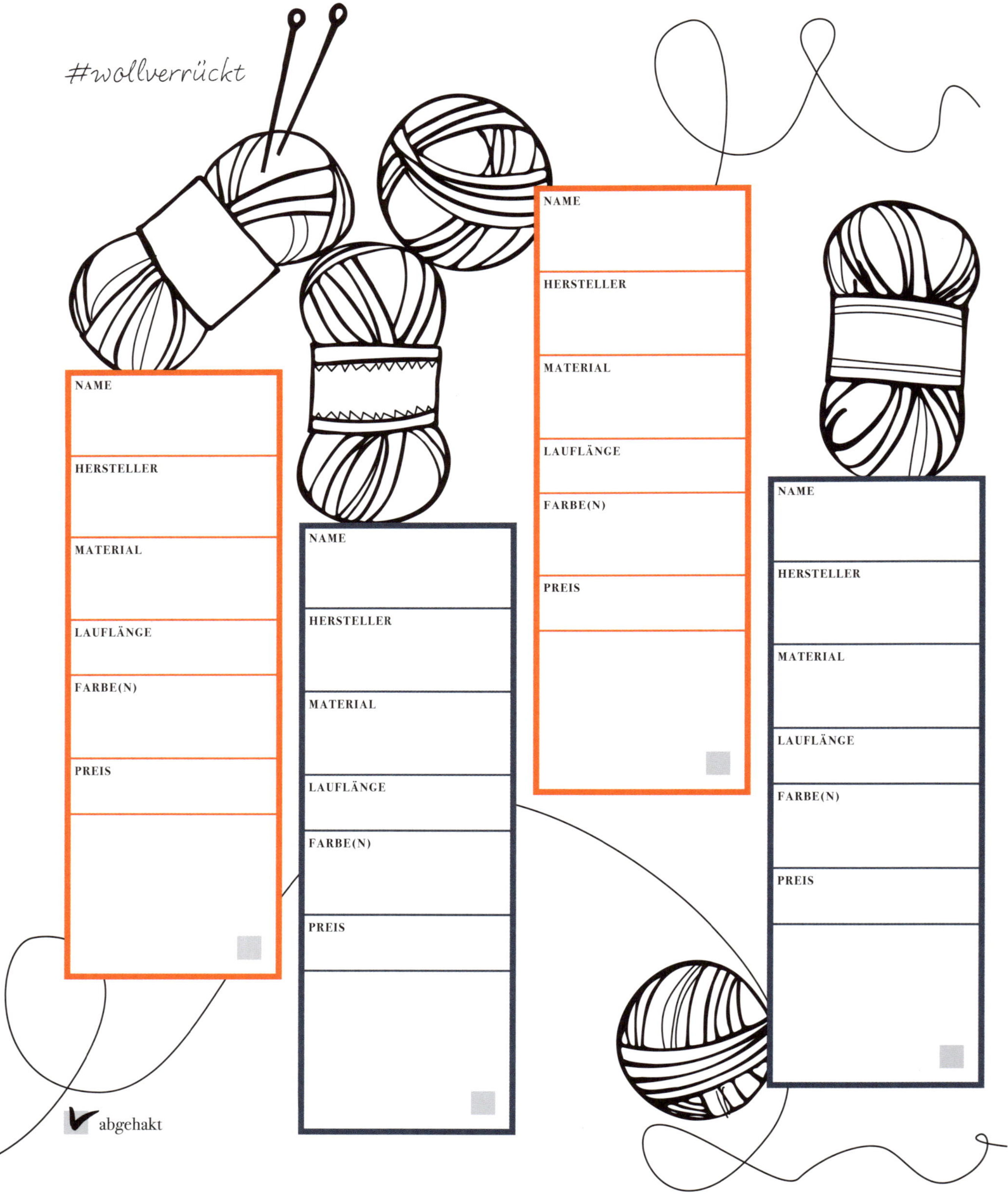
#wollverrückt
NAME
HERSTELLER
MATERIAL
LAUFLÄNGE
FARBE(N)
PREIS
NAME
HERSTELLER
MATERIAL
LAUFLÄNGE
FARBE(N)
PREIS
NAME
HERSTELLER
MATERIAL
LAUFLÄNGE
FARBE(N)
PREIS
NAME
HERSTELLER
MATERIAL
LAUFLÄNGE
FARBE(N)
PREIS
abgehakt

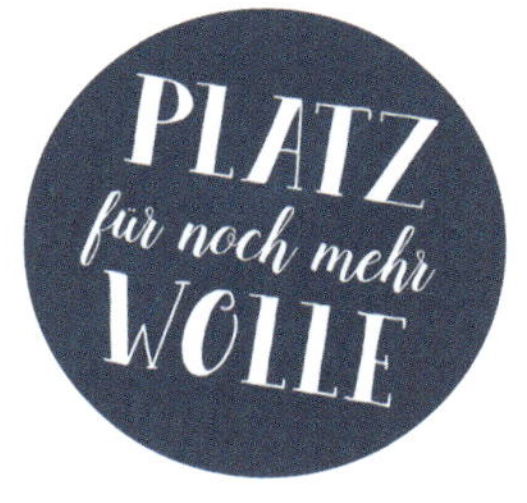

#wollträume

#wollemachtglücklich

NAME	HERSTELLER	MATERIAL	LAUF- LÄNGE	FARBE(N)	PREIS	✔

Wunschliste STRICKNADELN und ZUBEHÖR

WAS	MENGE	✓
	☐	☐
	☐	☐
	☐	☐
	☐	☐
	☐	☐
	☐	☐
	☐	☐
	☐	☐
	☐	☐
	☐	☐
	☐	☐
	☐	☐
	☐	☐
	☐	☐
	☐	☐
	☐	☐
	☐	☐

✗ Unbedingt / Bei Gelegenheit ○ Lasse ich mir schenken

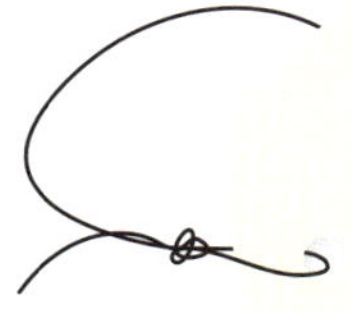

Stricktipp

Maschenmarkierer erleichtern das Stricken enorm und ersparen mühsames Nachzählen. Mit unterschiedlichen Farben kann man auch optische Anker setzen – zum Beispiel für den Reihenanfang – oder mehrere Muster gleichzeitig markieren, ohne dabei durcheinanderzukommen.

#strickträume

#strickenisttoll

WAS	MENGE	✔

TIPPS, die ich nicht vergessen möchte

Nicht vergessen

Stricktipp

Maschenproben immer etwas größer stricken. Anschlags- und Abkettkante wie auch die Randmaschen rechts und links können lockerer oder fester sein als das Hauptstrickstück und damit das Ergebnis verzerren.

Merken

Dos & Don'ts

Wunschliste STRICKPROJEKTE

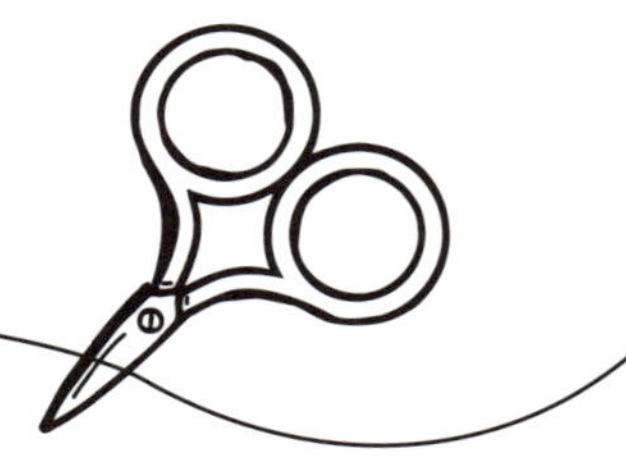

WAS	FÜR WEN	MENGE	✓

✕ Unbedingt 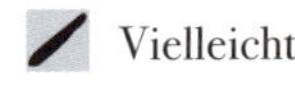 Vielleicht 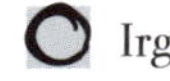 Irgendwann

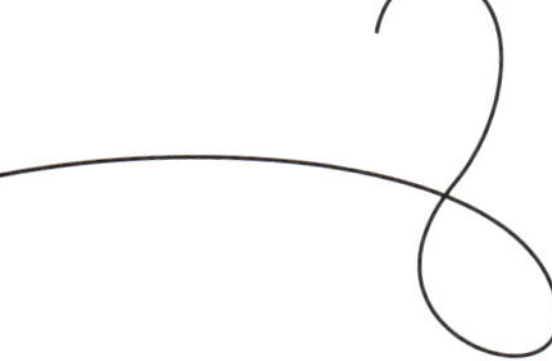

#strickenfürdieseele

#ichstrickemirdieWeltwiesiemirgefällt

WAS	FÜR WEN	MENGE	✔

Wunschliste BÜCHER*

*und Zeitschriften

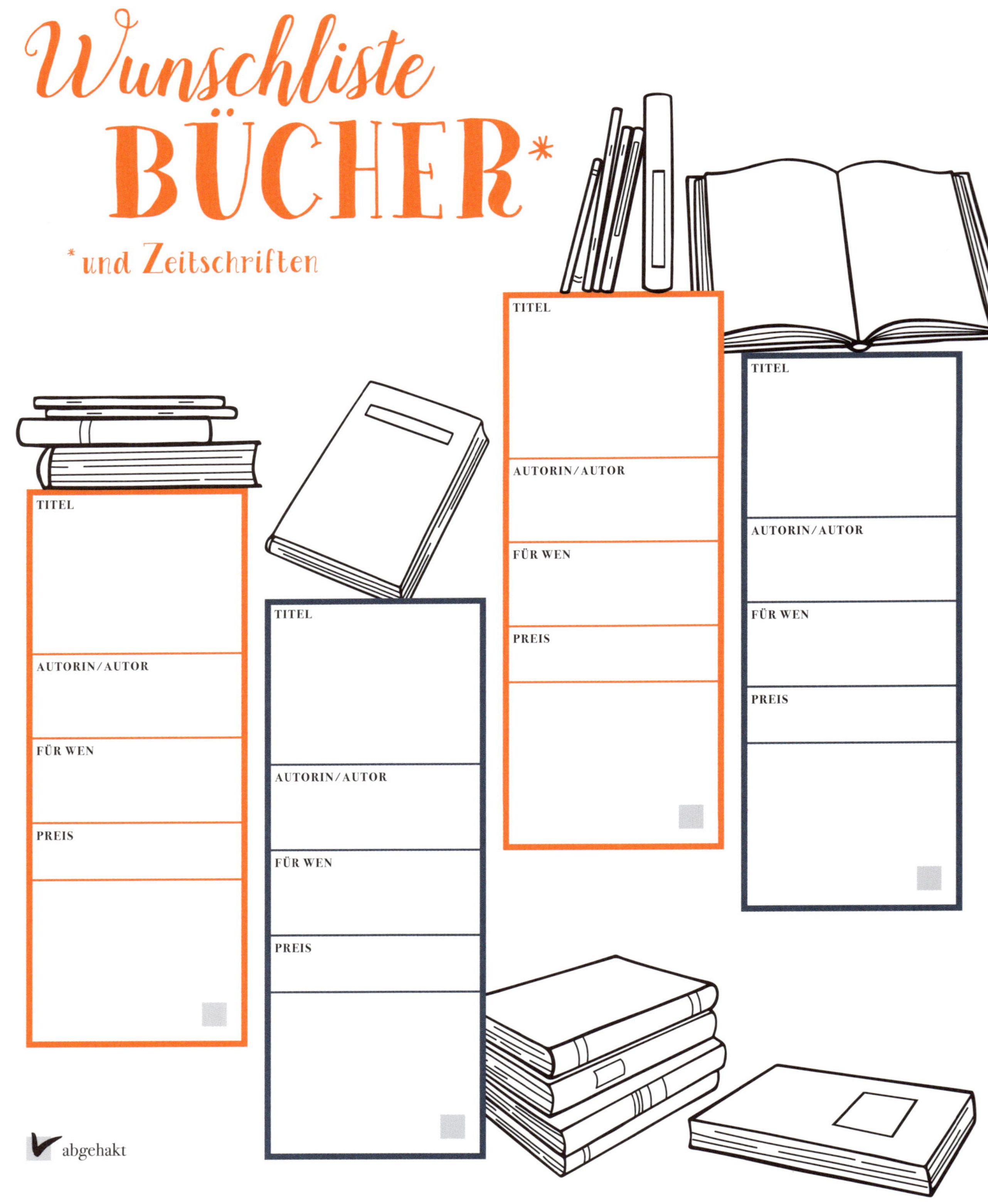

abgehakt

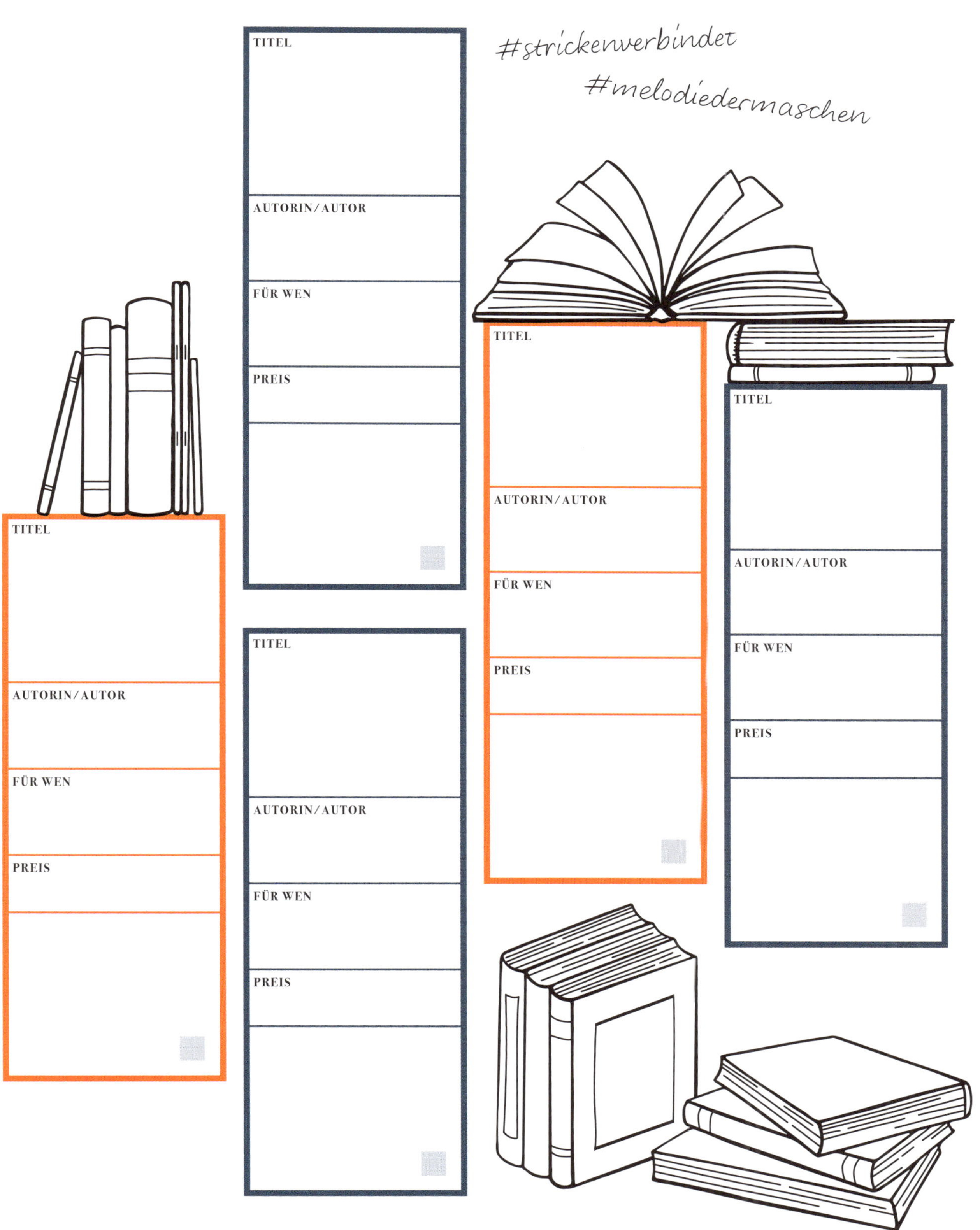
#strickenverbindet
#melodiedermaschen
TITEL
AUTORIN/AUTOR
FÜR WEN
PREIS
TITEL
AUTORIN/AUTOR
FÜR WEN
PREIS
TITEL
AUTORIN/AUTOR
FÜR WEN
PREIS
TITEL
AUTORIN/AUTOR
FÜR WEN
PREIS
TITEL
AUTORIN/AUTOR
FÜR WEN
PREIS

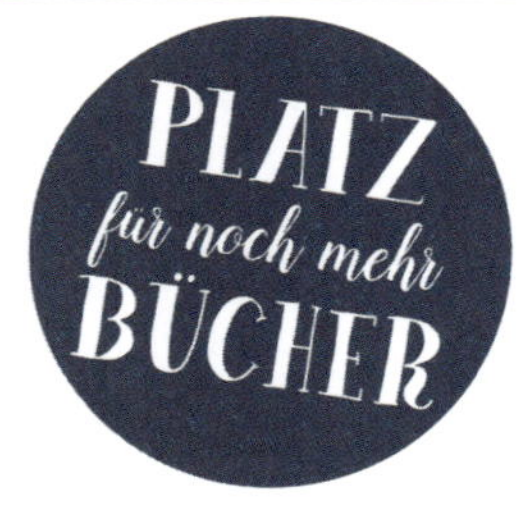

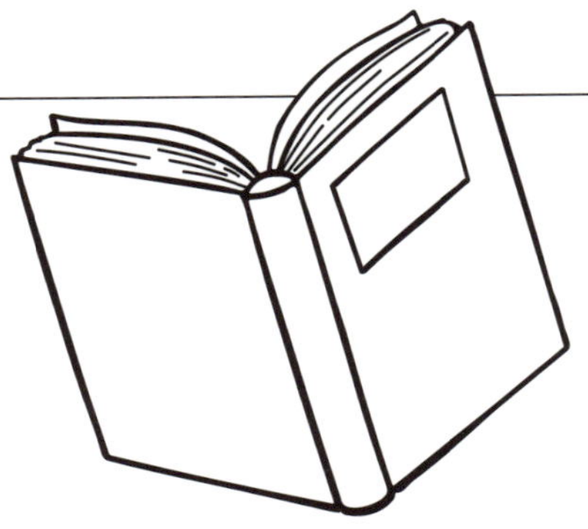

TITEL	AUTORIN/AUTOR	FÜR WEN	PREIS	✔

✗ Unbedingt ⁄ Bei Gelegenheit ○ Lasse ich mir schenken

Zauber in Strick gebannt

Chloe und ich saßen auf der Wiese am Ufer des Sees. Sheona gluckste vergnügt, während ich mit ihr spielte.

»Ich liebe es«, seufzte Chloe und ließ ihren Blick über den Loch Lomond fliegen. »Schau nur, dieser Wechsel zwischen hell und dunkel.« Sie zeigte mit dem Finger ein Stück auf den See hinaus. »Durch die Spiegelung sieht es da hinten fast blau-weiß gestreift aus. Mit kleinen Tupfen. So zauberhaft!«

Ich hob den Kopf und folgte mit dem Blick ihrem Finger. Chloe hatte recht. Die Himmelsspiegelung im See, zusammen mit den kleinen Wellen, ergab ein entzückendes Bild. Sofort hatte ich eine Idee und zog mein Smartphone aus der Tasche.

»Das ist ein perfektes Muster für eine leichte Sommerjacke«, stellte ich fest und machte ein Foto, um später die Farbstimmung in Wolle umwandeln zu können. Die Linendale von King Cole könnte super zu der Leichtigkeit passen. Ich würde versuchen, den Zauber dieses Augenblicks in Strick zu bannen.

WOLL-TRACKER

#strickenmachtglücklich

NAME	HERSTELLER	MATERIAL	✓	MENGE	VERARBEITET

schockverliebt 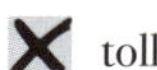 toll möchte ich vielleicht

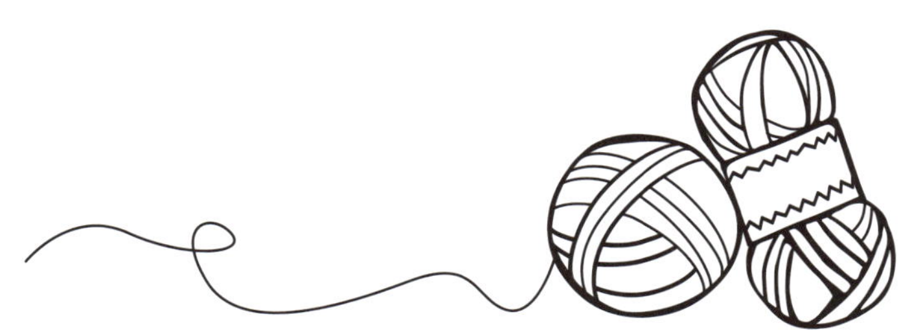

NAME	HERSTELLER	MATERIAL	✓	MENGE	VERARBEITET

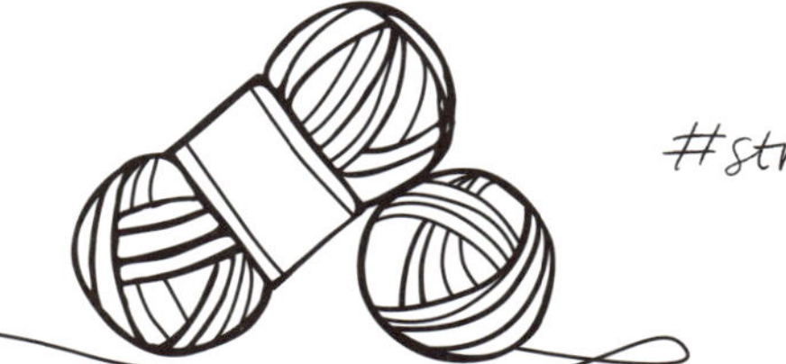

#strickenmachtspaß

NAME	HERSTELLER	MATERIAL	✔	MENGE	VERARBEITET

♥ schockverliebt ✗ toll / möchte ich vielleicht

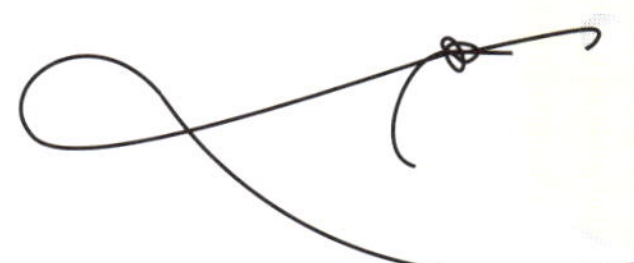

Stricktipp

Bei einem gehäkelten Anschlag arbeitet man direkt mit einer Anfangsschlaufe und häkelt mit dem Arbeitsfaden Masche für Masche um die Stricknadel herum. So umgeht man das Problem mit der Länge des Anschlagfadens, wie es zum Beispiel beim Kreuzanschlag oft entsteht.

NAME	HERSTELLER	MATERIAL	✓	MENGE	VERARBEITET
☐			☐		
☐			☐		
☐			☐		
☐			☐		
☐			☐		
☐			☐		
☐			☐		
☐			☐		
☐			☐		
☐			☐		
☐			☐		
☐			☐		
☐			☐		
☐			☐		
☐			☐		
☐			☐		
☐			☐		

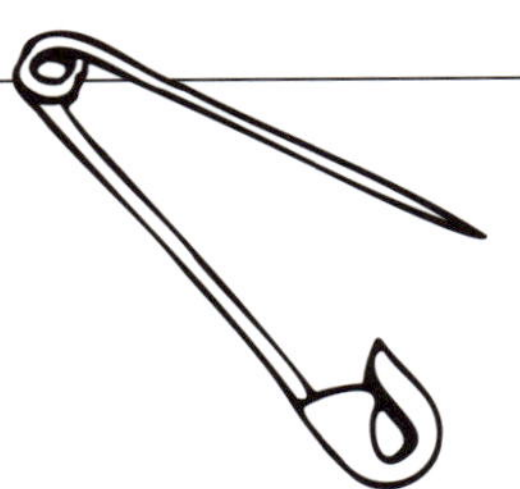

MASCHENPROBEN

WOLLE	NADELSTÄRKE	UNGEWASCHEN	GEWASCHEN

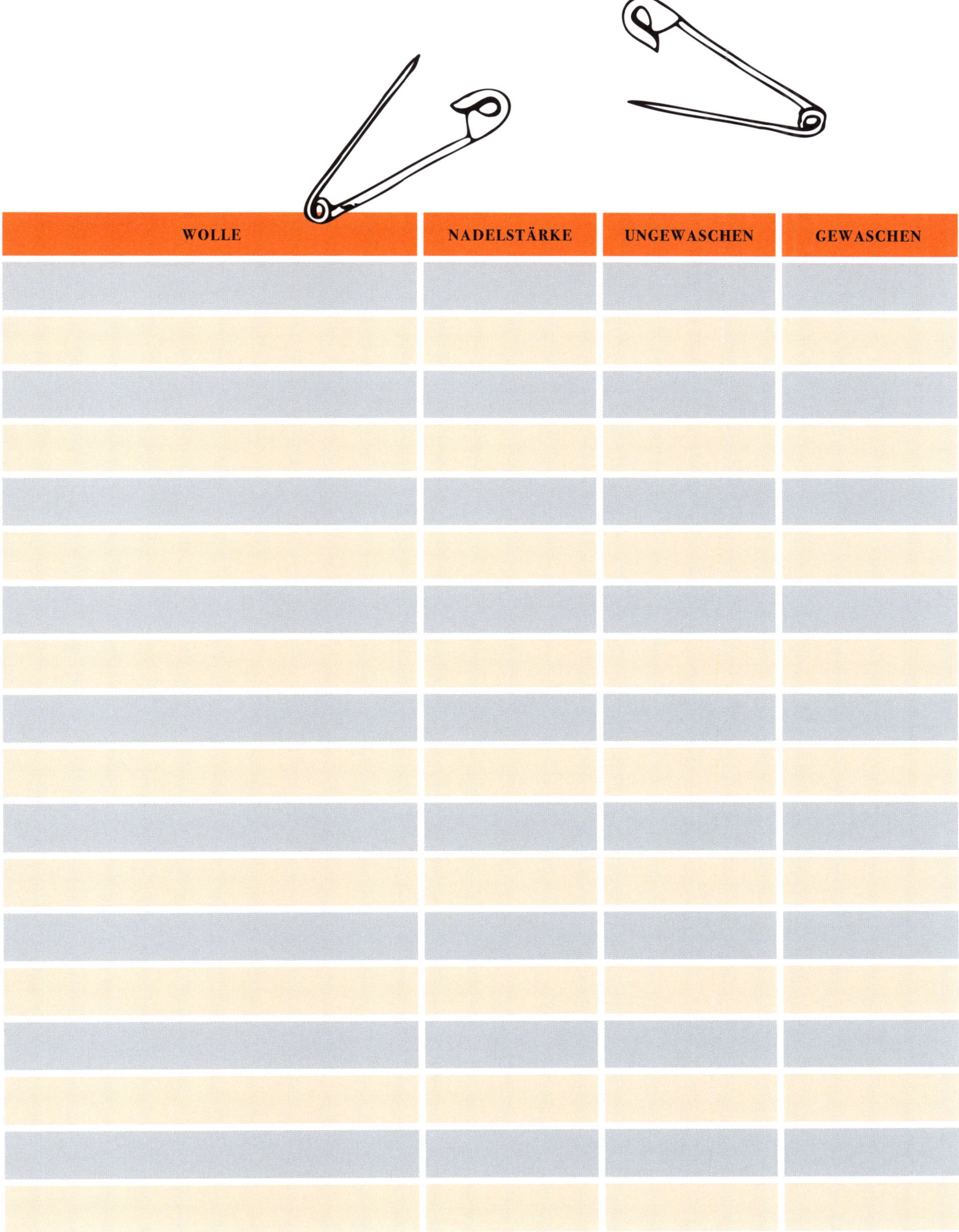

WOLLE	NADELSTÄRKE	UNGEWASCHEN	GEWASCHEN

Notizen

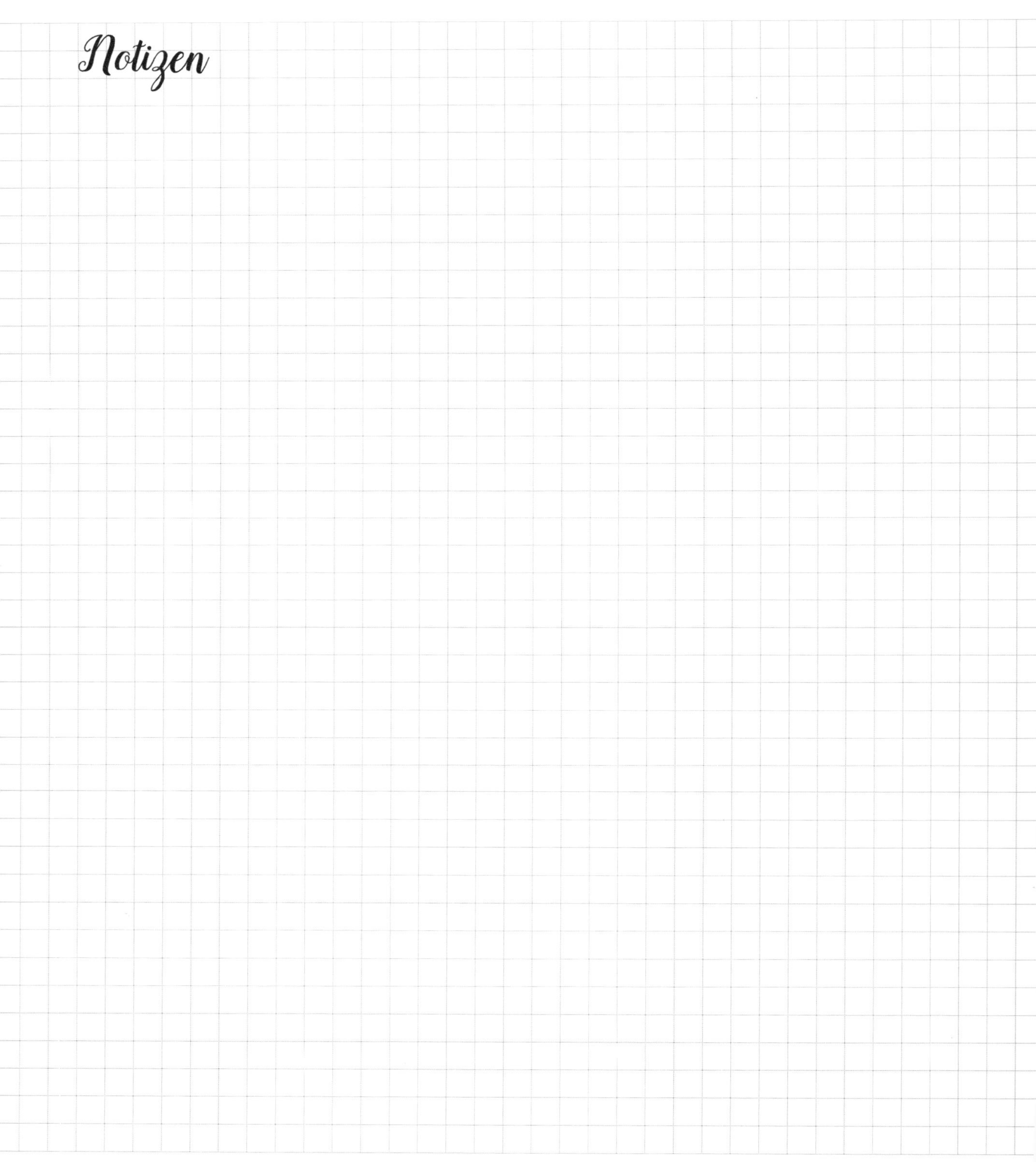

Maighreads ABKÜRZUNGEN

abk	abketten
anschl	anschlagen
arb	arbeiten
fM	feste Masche(n)
Hinr	Hinreihe(n)
kfb	in dieselbe Masche erst von vorn und dann von hinten einstechen (= 1 Masche zugenommen)
kfbf	in dieselbe Masche erst von vorn, dann von hinten und nochmals von vorn einstechen (= 2 Maschen zugenommen)
kfbfb	in dieselbe Masche erst von vorn, dann von hinten, dann nochmals von vorn und nochmals von hinten einstechen (= 3 Maschen zugenommen)
M	Masche(n)
MM	Maschenmarkierer
1 U	1 Umschlag, der in der nächsten Reihe rechts gestrickt wird, damit sich ein kleines Loch ergibt
R	Reihe(n)
Rd	Runde(n)
Rdm	Randmasche. Die letzte Masche wie zum Linksstricken abheben, Faden vor der Arbeit. Die 1. Masche rechts stricken.
rezsmstr	rechts zusammenstricken
Rückr	Rückreihe(n)
str	stricken
1 tafM	1 Masche tiefer gestochen aufnehmen aus der folgenden (noch nicht gestrickten) Masche: mit der rechten Nadel von oben vorn in die Masche aus der Reihe unter der folgenden Masche hineinstechen und die Masche rechts stricken
1 tavM	1 Masche tiefer gestochen aufnehmen aus der vorherigen (gerade gestrickten) Masche: mit der linken Nadel von hinten in die Masche aus der Reihe unter der gerade gestrickten Masche hineinstechen und die Masche mit der rechten Nadel rechts stricken
wdh	wiederholen
zus	zusammen
2 M überzogen zusstr	1 Masche wie zum Rechtsstricken abheben, 1 Masche rechts stricken, dann die abgehobene Masche darüberziehen (= 1 Masche abgenommen)
3 M überzogen zusstr	1 Masche wie zum Rechtsstricken abheben, 2 Maschen rechts zusammenstricken, dann die abgehobenen Maschen darüberziehen (= 2 Maschen abgenommen)
4 M rechts zusstr	4 Maschen rechts stricken, die 4 Maschen zurück auf die linke Nadel legen, die 2. Masche (von der Nadelspitze aus), dann die 3. Masche und die 4. Masche über die 1. Masche ziehen, die übrige Masche auf die rechte Nadel legen (= 3 Maschen abgenommen)
4 M rechts verschränkt zusstr	4 Maschen rechts stricken, bei diesen 4 Maschen auf der rechten Nadel nun die 2. Masche (von der Nadelspitze aus), dann die 3. Masche und die 4. Masche über die 1. Masche ziehen (= 3 Maschen abgenommen).

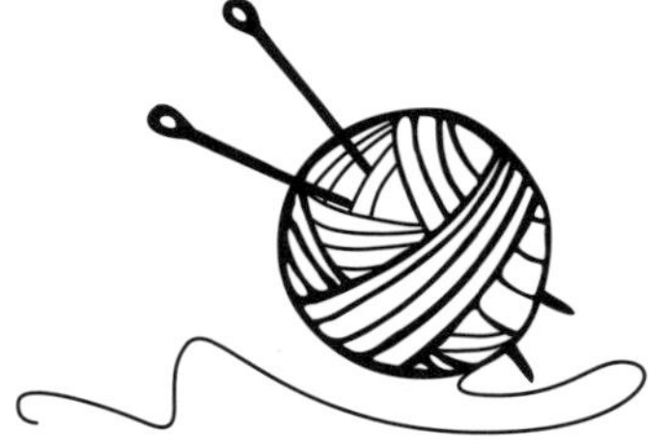

ABKÜRZUNGEN Englisch – Deutsch

bo	to bind off	abketten
	bobble	Noppe
	to break off / break yarn	Garn abschneiden
	brioche stitch	Patentmuster
cab	cable	Zopf
	to cast off	abketten
cn	cable needle	Zopfnadel
co	to cast on	anschlagen
	center stitch	Mittelmasche
	chart	Strickschrift
	circular knitting	rundstricken
	to cross	kreuzen/verkreuzen
	cuff	Bündchen
dec	decrease	Abnahme
	to fasten off	abketten
	forwards and backwards	hin und zurück
	garter stitch	kraus rechts
	gauge	Maschenprobe
	i-cord	Strickkordel
inc	to increase	zunehmen
inst	instruction	Beschreibung
	kitchener stitch	Maschenstich
kfb	knit into front and back of stitch	zunächst in das vordere, dann in das hintere Maschenglied stricken
kbl	knit through back loop	rechts verschränkt stricken
k2tog	knit 2 stitches together	2 Maschen rechts zusammenstricken
k2tog tbl	knit 2 stitches together through back loop	2 Maschen rechts verschränkt zusammenstricken
kwise	knitwise	wie zum Rechtsstricken
	leave stitches on holder	Maschen stilllegen
lp	loop	Masche, Schlaufe
mc	main colour	Hauptfarbe
m1	make one	eine Masche aufnehmen
	moss stitch	Perlmuster
	needle size	Nadelstärke
	odd rows	ungerade Reihen
psso	pass slipped stitch(es) over	Die abgehobene(n) Masche(n) überziehen
p	to purl	links stricken
patt	pattern	Muster
pfb	purl into front and back of stitch	Aus einer Masche zwei linke Maschen herausstricken
pm	place marker	Maschenmarkierer setzen
ptbl	purl through back loop	links verschränkt stricken
pwise	purlwise	wie zum Linksstricken
p2tog	purl 2 stitches together	zwei Maschen links zusammenstricken
rem	remaining	verbleibend
rep	repeat	Rapport
rnd	round	Runde
	row	Reihe
rs	right side	rechte Seite
	short rows	verkürzte Reihen
sk	to skip	überspringen
skp	slip, knit 1, psso	1 Masche abheben, 1 Masche stricken, die abgehobene Masche überziehen
sk2p	slip, knit 2tog, psso	1 Masche abheben, 2 Maschen rechts zusammenstricken, die angehobene Masche überziehen
sm	slip marker	Maschenmarkierer versetzen
sl	to slip a stitch	Masche abheben
sl1k	slip 1 knitwise	1 Masche wie zum Rechtsstricken abheben
sl1p	slip 1 purlwise	1 Masche wie zum Linksstricken abheben
ssk	slip, slip, knit	2 Maschen nacheinander rechts abheben, dann rechts verschränkt zusammenstricken
ssp	slip, slip, purl	2 Maschen nacheinander rechts abheben, dann links zusammenstricken
st	stitch	Masche
	stockinette stitch	glatt rechts stricken
tbl	through back loop	durch das hintere Maschenglied
tfl	through front loop	durch das vordere Maschenglied
tog	together	zusammen
	to turn	wenden
	twisted stitch	verschränkte Masche
	to wrap	wickeln
wip	work in progress	Projekt in Arbeit
ws	wrong side	linke Seite
wyib	with yarn in back	Faden hinter der Arbeit
wyif	with yarn in front	Faden vor der Arbeit
yo	yarnover	Umschlag

1. Auflage 2023
Originalausgabe

Umschlaggestaltung von bürosüd, München
Umschlagabbildung www.buerosued.de unter Verwendung von Shutterstock
Layout: Sybille Dörfler
Druck und Bindung von PNB Print
Printed in Latvia
ISBN 978-3-365-00438-8
www.harpercollins.de

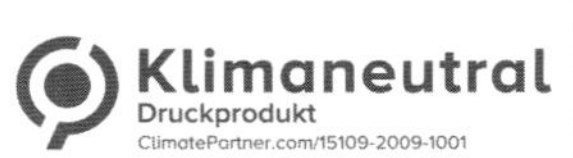

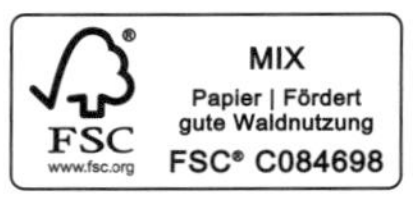